"十四五"职业教育国家规划教材

汽车使用与维护
（第2版）

主　编　朱胜平　张生强
副主编　金善东

北京理工大学出版社
BEIJING INSTITUTE OF TECHNOLOGY PRESS

内 容 简 介

随着我国汽车工业的高速发展,我国的汽车工业也在逐渐与世界接轨,中国正在由目前的汽车大国向汽车强国转变,"七分维护,三分修理","维护为主,视情修理"的修车理念正在被广大车主所接受。市场对汽车专业人才提出更高的要求,这就造成汽车维修行业技能型人才严重短缺的现象。

本书以培养学生的汽车维护操作技能为核心,以工作过程为导向,该教材共分为汽车基础知识、汽车保养总体认识、汽车油液与轮胎认识、汽车的合理使用、汽车保养作业规范、汽车一级维护、二级维护、汽车常见故障诊断八个课题。采用理实一体化教学,依据汽车维护任务出现的频率及常见的故障,先易后难,使学生直接参与完成汽车维护工作任务的全过程,递进式地提高学生的技能,达到岗位工作要求。

本书既可作为职业学校汽车类相关专业教学用书,也可供汽车维修人员及汽车驾驶员等学习参考。

版权专有　侵权必究

图书在版编目(CIP)数据

汽车使用与维护 / 朱胜平,张生强主编. —2 版. —北京:北京理工大学出版社,2023.7 重印

ISBN 978-7-5682-7857-7

Ⅰ.①汽… Ⅱ.①朱…②张… Ⅲ.①汽车－使用方法－高等学校－教材②汽车－车辆修理－高等学校－教材 Ⅳ.① U472

中国版本图书馆 CIP 数据核字(2019)第 253514 号

出版发行 /	北京理工大学出版社有限责任公司
社　　址 /	北京市海淀区中关村南大街 5 号
邮　　编 /	100081
电　　话 /	(010)68914775(总编室)
	(010)82562903(教材售后服务热线)
	(010)68944723(其他图书服务热线)
网　　址 /	http://www.bitpress.com.cn
经　　销 /	全国各地新华书店
印　　刷 /	河北佳创奇点彩色印刷有限公司
开　　本 /	787 毫米 × 1092 毫米　1/16
印　　张 /	12.75
字　　数 /	290 千字
版　　次 /	2023 年 7 月第 2 版第 6 次印刷
定　　价 /	46.50 元

责任编辑 / 陆世立
文案编辑 / 陆世立
责任校对 / 周瑞红
责任印制 / 边心超

图书出现印装质量问题,请拨打售后服务热线,本社负责调换

前言 PREFACE

党的二十大报告指出："我们提出并贯彻新发展理念，着力推进高质量发展，推动构建新发展格局，实施供给侧结构性改革，制定一系列具有全局性意义的区域重大战略，我国经济实力实现历史性跃升。"报告还指出："坚持把发展经济的着力点放在实体经济上，推进新型工业化，加快建设制造强国、质量强国、航天强国、交通强国、网络强国、数字中国。"汽车工业是国民经济的战略性、支柱性产业。据统计，2021年，我国汽车产销分别完成2 608.2万辆和2 627.5万辆，同比分别增长3.4%和3.8%，汽车产销总量已经连续13年位居全球第一。为了更好地满足交通运输业科学发展的需要，全面落实立德树人，坚持"五育"并举教育，培养更多适应新时代需要的具有创新能力的高技能、高素质汽车技术服务人才是当前职业教育的当务之急。北京理工大学出版社特邀请一批知名行业专家、学者以及一线骨干教师，按照"专业设置与产业企业岗位需求对接、课程内容与职业标准对接、教学过程与生产过程对接"的"三对接"要求，出版了该套图解版汽车职业教育系列教材。

本书第2版修订过程中，纠正了第1版中的错误之处；删除了陈旧的知识点；更新了相关技术标准和法规；进一步修改了维护流程和操作规范，使之更加准确和规范；配套数字化资源也进行了更新。

本教材在内容设置方面，依据我国的汽车维护与保养的相关制度、标准编写。针对职业学校学生的特点，以工作过程为导向，以训练学生的职业技能为基本要求，以培养学生的工作能力为最终目的，注重理论与实践教学有机的结合，在重视提高学生专业知识技能的同时，注意培养、提高学习能力，激发学习兴趣。通过学习本课程，使学生认识汽车维护与保养的重要性。

本系列教材坚持如下定位：

1. 执行新标准。以《职业学校专业教学标准（试行）》为依据，服务经济社会发展和产业转型升级。教材内容体现产教融合，对接职业标准和企业用人要求，反映新知识、新技术、新工艺、新方法。以科学性、实用性、通用性为原则，以使教材符合职业教育汽车类课程体系设置。

2. 找准新起点。教材编写图文并茂，通顺易懂，遵循职业院校学生学习特点，贴近工作过程、技术流程，将技能训练、技术学习与理论知识有机结合，便于学生系统学习和掌握，将结合职业教育的培养目标与学生认知规律。培养学生的实际运用能力，以达到学以致用的目的。

3. 构建新体系。教材整体现划、统筹安排，注重系统培养，兼顾多样成才。遵循技术技能人才培养规律，构建服务于中高职衔接、职业教育与普通教育相互沟通的现代职业教育教材体系。

4. 推进新模式改革教材编写体例，创新内容呈现形式，适应项目教学、案例教学、情景教学、工作过程导向教学野多元化教学方式，突出"做中学、做中教"的职业教育特色，做到知识讲解实用、简洁和生动。

5. 配套新资源。由上海景格科技股份有限公司和长沙市博信教育科技有限公司匹配大量的视频教学资源，配合数字化教学资源建设的传统与优势，教材内容与效字化教学资源紧密结合，纸质教材配套多媒体、网络教学资源，形成数字化、立体化的教学。注重形式的灵活性，以便于学生接受。

本书共分为八个课题，包括汽车基础知识、汽车保养总体认识、汽车油液与轮胎认识、汽车的合理使用、汽车保养作业规范、汽车一级维护、二级维护、汽车常见故障诊断等内容。本书此次修订，纠正了第1版中的错误之处；删除了陈旧的知识点；更新了相关技术标准和法规；进一步修改了维护流程和操作规范，使之更加准确和规范；配套的电子课件也进行了修订。

本教材由武汉市交通学校朱胜平、张生强主编，武汉市交通学校金善东担任副主编。

由于作者水平有限，书中可能会有疏漏和不妥之处，欢迎读者批评指正。

编　者

目录 CONTENTS

课题一　汽车基础知识 ································· 1
　　任务一　汽车主要参数及性能 ························· 2
　　任务二　车辆主要技术参数和配置解读 ················ 14

课题二　汽车保养总体认识 ··························· 20
　　任务一　汽车保养概论 ······························ 21
　　任务二　汽车的 VIN 码 ····························· 25

课题三　汽车油液与轮胎认知 ························· 34
　　任务一　汽车常用的各种油液 ························ 35
　　任务二　汽车其他工作液体 ·························· 57
　　任务三　汽车轮胎的使用维护及规格 ·················· 62

课题四　汽车的合理使用 ····························· 69
　　任务一　新车的合理使用 ···························· 70
　　任务二　手动变速器与自动变速器的正确使用 ·········· 75
　　任务三　防抱死制动系统（ABS）的正确使用 ··········· 89
　　任务四　电动汽车的使用与维护 ······················ 93

课题五　汽车保养作业规范 ··························· 96
　　任务一　汽车维护与保养的基本操作 ·················· 97
　　任务二　汽车维护常用工具及设备的使用 ············· 106
　　任务三　汽车维护中作业要求及安全防护 ············· 129
　　任务四　汽车维护的主要项目 ······················· 131

课题六　汽车一级维护·································**133**

　　任务一　自诊断系统····································　134
　　任务二　发动机与传动系统的检查····················　137
　　任务三　空调系统、行驶系统的检查·················　146
　　任务四　电器系统的检查·····························　156

课题七　二级维护·····································**162**

　　任务一　关于汽车二级维护··························　163
　　任务二　汽车二级维护主要事项·····················　165
　　任务三　汽车二级维护································　167

课题八　汽车常见故障诊断·······················**179**

　　任务一　汽车常见故障诊断··························　180
　　任务二　发动机常见故障·····························　189
　　任务三　底盘常见故障································　192
　　任务四　电气系统常见故障··························　194

参考文献···**197**

课题一
汽车基础知识

 知识目标

1. 掌握汽车基本参数及性能。
2. 了解汽车车况及如何检查。

 技能目标

掌握汽车基本参数及性能。

 素养目标

树立学生诚信守信、遵规守纪、精益求精的职业精神。

任务一 汽车主要参数及性能

一、汽车的主要技术参数

1. 整车技术参数

（1）汽车主要尺寸参数

汽车的主要尺寸参数包括轴距、轮距、总长、总宽、总高、前悬、后悬、接近角、离去角、最小离地间隙等，如图 1-1 所示。

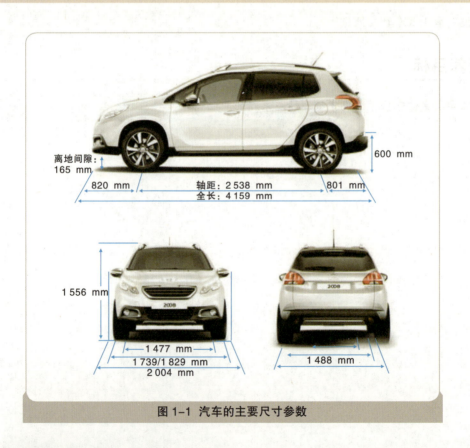

图 1-1 汽车的主要尺寸参数

1）轴距

轴距，就是通过车辆同一侧相邻两车轮的中点，并垂直于车辆纵向对称平面的二垂线之间的距离。简单地说，就是汽车前轴中心到后轴中心的距离，如图 1-2 所示。

图1-2 汽车轴距

在确定车长后,轴距是影响乘坐空间最重要的因素,因为占绝大多数的两厢和三厢乘用车的乘员座位都是布置在前后轴之间的。长轴距使乘员的纵向空间增大,大大增加影响车辆乘坐舒适性的脚部空间。虽然轴距并非决定车内空间的唯一因素,但却是根本因素。

同时,轴距的长短对轿车的舒适性、操纵稳定性的影响很大。一般而言,轿车级别越高,其轴距越长、车厢长度越大、乘员乘坐的座位空间也越大、抗俯仰和抗横摆性能越好。长轴距在提高直路巡航稳定性的同时,转向灵活性下降、转弯半径增大,汽车的机动性也变差。因此在稳定性和灵活性之间必须做出取舍,找到合适的平衡点。在高档长轴距的轿车上,这样的缺点已经被其他高科技装置弥补。

很多国外车型引进中国后轴距会被拉长,以适应中国市场,如奥迪A6L、宝马5系等。

① **载货汽车的轴距**

在整车选型初期,根据要求的货厢长度及驾驶室布置尺寸初步确定轴距 L。

② **轿车的轴距**

轿车的轴距与其类型、用途、总长有密切关系。

③ **大客车的轴距**

大客车的轴距范围一般为 4.0~7.2 m。总长为 11.0~12.0 m 的城市大客车,其轴距多为 5.5~6.3 m;而总长在 10.0 m 以内的大客车,其轴距多为 4.5~5.0 m。

2) 前后轮轮距

前后轮轮距是指前、后车轮在车辆支承平面(一般就是地面)上留下的轨迹的中心线之间的距离,即左前、右前车轮中心的距离。

轮距大小对汽车的总宽、总重、行驶稳定性、操控性和通过性都有影响。一般说来,轮距越大,对行驶稳定性越有利,即轮距较大的车辆不容易侧翻。轮距较宽的车辆,还可提高车内空间的宽度,使肩宽加大,乘坐会更加舒适,因此一些商务轿车的轮距一般都较大。但是,轮距宽了,汽车的总宽和总重一般也会加大。

多数汽车前、后轮距是一样的,但部分汽车前、后轮距不一致。一般来说,运动型或跑车的前后轮距差别较明显,如法拉利612,前轮距为1 688 mm,后轮距为1 641 mm。由于轮距是指左右两个车轮中心线间的距离，而前、后轮胎最外侧边线应在一条直线上，因此如果轮胎较宽，则它的轮距自然就会较小。法拉利612的前轮胎宽245 mm，后轮胎宽284 mm，它们之间的轮距之差成为必然，如图1-3所示。

3）汽车的外廓尺寸

汽车的外廓尺寸包括其总长、总宽、总高，应根据汽车的类型、用途、承载量、道路条件、结构选型与布置以及有关标准、法规限制等因素确定。

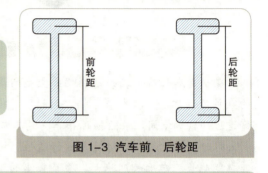

图1-3 汽车前、后轮距

4）汽车的前悬架和后悬架

汽车的前悬架和后悬架尺寸是由总布置最后确定的。前悬架处要布置发动机、水箱、风扇、弹簧前支架、车身前部或驾驶室的前支点、保险杠、转向器等，要有足够的纵向布置空间，如图1-4所示。

图1-4 汽车前悬架和后悬架

（2）汽车质量参数

1）汽车的装载质量

乘用车的装载质量即载客量，是指其最多乘坐人数，并以座位数表示。

载货汽车的装载质量指该车在良好的硬路面上行驶时装载货物量的最大限额，单位通常以 t 表示。

2）汽车的整备质量

汽车的整备质量就是汽车经整备后在完备状态下的自身质量，即汽车在加满燃料、润滑油、工作油液（例如制动液等）及发动机冷却水和装备（随车工具及各胎等）齐全后但未载人、货时的质量。

3）汽车的总质量

汽车的总质量是指已整备完好、装备齐全并按规定载满客或货时的汽车质量。

4）汽车的整备质量利用系数

载货汽车的整备质量利用系数是载货汽车的装载量与其整备质量之比。

5）汽车的轴荷分配

汽车的轴荷分配是汽车的重要质量参数，对汽车的牵引性、通过性、制动性、操纵稳定性等主要使用性能以及轮胎的使用寿命都有很大的影响。

2. 发动机技术参数

（1）动力性

动力性是车用发动机的主要指标之一。评价动力性的指标主要是额定功率和最大转矩。

（2）经济性

车用发动机目前绝大部分采用石油燃料，少量采用液化石油气、天然气或其他代用燃料。衡量发动机经济性的重要指标是有效热效率和比油耗。

（3）振动和噪声

发动机作为整车的振动和噪声源，对车内外行驶噪声和振动影响很大。发动机的噪声主要由燃烧噪声、气体动力噪声和机械噪声三部分组成。

（4）可靠性与耐久性

发动机的可靠性与耐久性直接关系到使用维修费用，是用户最关心的性能之一。耐用性通常用大修寿命或首次大修里程评价。

二、汽车的使用性能参数

1. 汽车动力性

汽车动力性是指汽车在良好路面上直线行驶时由汽车受到的纵向外力决定的、所能达到的平均行驶速度。

(1)直接挡最大动力因数

直接挡最大动力因数值的选择主要是根据对汽车加速性与燃料经济性的要求,以及汽车类型、用途和道路条件而异。轿车的动力因数随发动机排量的增大而增大。中、高级轿车对加速性要求高,故动力因数值较大。微型和普通级轿车为了节省燃料,动力因数值较小。

(2)Ⅰ挡最大动力因数

Ⅰ档最大动力因数直接影响汽车的最大爬坡能力和通过困难路段的能力以及起步并连续换挡时的加速能力。它和汽车总质量的关系不明显而主要取决于所要求的最大爬坡度和附着条件。

(3)汽车最高车速

汽车最高车速是指在附着良好的水平路面上,当汽车额定满载、变速器最高挡、油门全开时,汽车达到的最大速度。

(4)汽车的最大坡度

汽车的最大坡度是指在附着良好的坡道上,当汽车额定满载、变速器最高挡、油门全开时,汽车所能爬上的最大坡度。

根据我国的公路路线设计规范,高速公路平原微丘区最大纵坡为3%,山岭重丘区为5%;一级汽车专用公路平原微丘区最大坡度为4%,山岭重丘区为6%;一般四级公路平原微丘区最大坡度为5%,山岭重丘区为9%。

(5)汽车的加速时间

汽车的加速时间用汽车原地起步加速时间和超车加速时间表示。

(6)汽车的比功率和比转矩

比功率和比转矩这两个参数分别表示发动机最大功率和最大转矩与汽车总质量之比。比功率是评价汽车动力性能(如速度性能和加速性能)的综合指标;比转矩则反映了汽车的比牵引力或牵引能力。

2. 汽车的燃油经济性

汽车燃油经济性是指在保证汽车动力性的条件下,汽车以尽量少的燃油消耗量来完成经济行驶的能力。一般以等速百公里油耗(L/100km)作为评价指标。

（1）使用方面

● 行驶车速。

由图 1-5 可以看出，汽车在接近于低速的中等车速时燃油消耗量最低，高速时随车速增加燃油消耗量迅速加大。

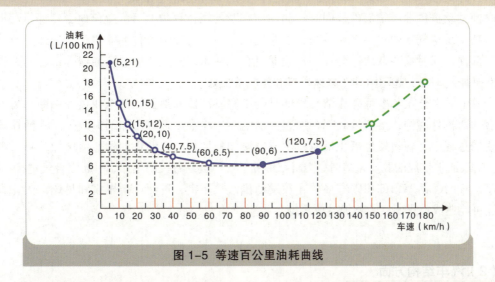

图 1-5 等速百公里油耗曲线

● 挡位选择。

行驶中，要根据道路状况、交通流量等交通特征的变化及时换挡，掌握好换挡时机，及时、准确地换挡。要使发动机运行在经济转速，应尽量使用高挡位。

变速器一般有 4~5 个前进挡位和 1 个倒挡，其中 1 挡、2 挡为低速挡，减速增矩作用显著，但油耗很高；3 挡为中速挡，是汽车由低速到高速或由高速到低速的过渡挡位，车速稍快，但油耗也较大，不宜长距离行驶；4 挡、5 挡为高速挡，由于传动比小或直接传动，车速快，油耗最低，是车辆行驶时应尽量使用的挡位。

● 挂车的应用。

挂车是指由汽车牵引的用以载运人员或货物而本身无动力驱动装置的车辆。挂车无法单独行驶，需由牵引汽车拖动。

挂车又可分为全挂、半挂和特种挂车。

全挂车：指最大总质量的绝大部分或全部由其本身承受的挂车，全挂车牵引架上的挂环与牵引汽车的牵引钩相连接。挂车的装载质量可以随其轮轴数的增加而增大，能完成特大件的运输。但是，全挂汽车列车总长较长，行驶稳定性较差。

半挂车：指由半挂牵引汽车牵引，其最大总质量的相当一部分由牵引汽车承受的挂车。半挂车前端的牵引销与牵引车的牵引座相连接。

特种挂车：指装有专用设备，用于特殊货物运输或完成特别作业任务的挂车。它又可分为特种全挂车和特种半挂车。带有可伸缩牵引杆的特种挂车，可根据所运货物的长度调整伸缩牵引杆的长度；也有用所运长尺寸货物本身构成牵引汽车与特种挂车之间的连接部分。货物前端装在牵引汽车的旋转式枕座的货台上，货物的后部装在特种挂车上，货物本身起着与车厢同样的作用，省去了牵引杆和车厢。

● 正确地保养与调整。

汽油是含有适当添加剂的精制馏分石油产品，其品质性能的优劣对汽油发动机的动力性、经济性、可靠性及使用寿命等均有很大影响。

一般对汽油品质的基本要求是：良好的蒸发性、抗爆性、安定性（稳定性）和抗腐蚀性。汽油中含有多种腐蚀性物质，如水分、硫化物、有机酸和水溶性酸碱等物质。如果不注重保养，将会腐蚀发动机供油系统部件，同时汽油在储存及使用过程中，不可避免地受到外界污染，使得机械杂质及空气中的水分进入汽油，这些机械杂质有可能堵塞化油器量孔、汽油滤清器和喷油器等部件，同时这些杂质还会加剧化油器量孔、活塞环和气缸壁、喷油器等组件的磨损，引起发动机加速不良、起动困难、怠速发抖和发喘等故障。

汽油中的水分在冬季可能冻结，严重时会堵塞滤清器和油路，甚至使供油中断；另外，水分还会加速机件腐蚀，溶解抗氧剂，加速汽油结胶，使导出剂等添加剂失效等。汽油在储存和运输使用过程中，容易发生氧化反应，生成胶质和酸性物质，使汽油的酸值增加，降低汽油的品质。当汽油中生成的胶质过多时，会阻塞油路、气门被黏着关闭不严，引起混合气过稀；同时，燃烧室、气门、活塞顶部积碳增多，导致发动机散热不良，进而产生爆震和早燃，火花塞上的积碳还可能造成点火不良，增加排放污染。

（2）汽车结构方面

a. 在汽车结构方面，可以通过下述途径改善燃油经济性。

● 缩减轿车总尺寸和质量。
● 发动机方面：
· 提高现有汽油发动机的热效率与机械效率。
· 扩大柴油发动机的应用范围。
· 增压化。
· 广泛采用电子计算机控制技术。
● 改进传动系统。
● 使用更好的汽车外形与轮胎。

b. 车体结构：根据受力情况及结构，可将车体结构分为承载式、半承载式、非承载式、空间构架式4种类型。

● 承载式车身（见图1-6）：承载式车身的汽车没有刚性车架，加强了车头、侧围、车尾、底板等部位，发动机、前后悬架、传动系统等总成部件的一部分装配在车身上，车身负载通过悬架装置传给车轮。大多数轿车都采用承载式车身，优点是噪声小、重量轻、相对省油；缺点是强度相对低。

● 非承载式车身（见图1-7）：非承载式车身的汽车有一个刚性车架，又称底盘大梁架。发动机、传动系统、车身等总成部件都固定在车架上。车架通过前后悬架装置与车轮连接。非承载式车身的优点是底盘强度较高，抗颠簸性能好，车身不易扭曲变形。非承载式车身比较笨重，质量大，一般用在货车、客车和越野车上。

图 1-6 承载式车身

图 1-7 非承载式车身与刚性车架

● 空间构架式车身（ASF，Audi Space Frame）：空间构架式车身如图 1-8 所示，是奥迪研发的利用以铝为主要材料，结合其他材料构建车身的轻量化技术。这种技术阻止了随着功能性不断提高导致车身重量不断上升的趋势。

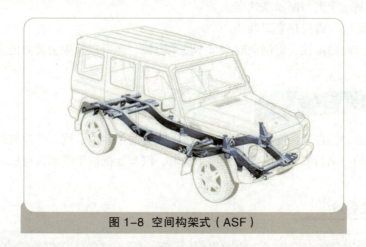

图 1-8 空间构架式（ASF）

3. 汽车的排放性

影响排放污染的因素大多也是影响发动机运转性能和汽车燃油经济性的因素。

- 曲轴箱强制通风系统（PCV）。为了减少HC的排放量，目前汽车采用封闭式曲轴箱强制通风装置。
- 燃油蒸气回收系统。

油箱内的汽油蒸气从分离阀出口经管道进入活性炭罐。

活性炭罐里充满的活性炭可以吸附汽油蒸气中的汽油分子。当油箱内的汽油蒸气经蒸气管道进入蒸气回收罐时，蒸气中的汽油分子被活性炭吸附，防止汽油分子进入大气。另外，活性炭罐上方的另一个出口经真空软管与发动机进气歧管相通。软管中部有一个电磁阀控制管路的通断。当发动机运转时，如果电磁阀开启，则在进气歧管真空吸力的作用下，新鲜空气将从蒸气回收罐下方进入，经过活性炭后再从活性炭罐的出口进入软管的发动机进气歧管，把吸附在活性炭上的汽油分子（重新蒸发）送入发动机燃烧，使之得到充分利用；活性炭罐内的活性炭则随之恢复吸附能力，不会因使用太久而失效。

- 废气再循环系统（EGR）。从排气管中引出部分废气，使其经进气管进入气缸中参与燃烧，这种方法称为废气再循环。
- 空气喷射。空气喷射又称二次燃烧，其工作原理是用空气泵向排气歧管喷入空气，使排气中的有害成分HC、CO在排气高温下继续进行氧化反应，生成CO_2和H_2O，达到排放净化的目的。
- 催化净化装置。催化净化装置是一种内部装有催化剂的装置，装在发动机的排气管中。催化剂能使发动机排气中的有害成分加速变成无害成分。

4. 汽车的制动性

汽车的制动性是指汽车行驶时能在短距离内停车且维持行驶方向稳定性和在下长坡时能维持一定车速的能力。

汽车的制动性主要由下列三方面决定：
- 制动效能，即制动距离与制动减速度。
- 制动效能的恒定性，即抗热衰退性能。
- 制动时汽车的方向稳定性，即制动时汽车不发生跑偏、侧滑以及失去转向能力的性能。

5. 汽车的操纵稳定性

汽车的操纵稳定性是指在驾驶者不感到过分紧张、疲劳的条件下，汽车能遵循驾驶者通过转向系统及转向车轮给定的方向行驶，且当遭遇外界干扰时，汽车能抵抗干扰而保持稳定行驶的能力。

（1）转向特性参数

当汽车转弯或受侧向风力作用时，轮胎侧偏，导致前、后轴产生相应的侧偏角，其绝对值分别为δ_1、δ_2。其角度差$(\delta_1-\delta_2)$为正、负、零时使汽车分别获得"不足转向""过度转向"和"中性转向"等特性。

(2) 车身侧倾角

当汽车以 0.4g（g 为重力加速度）的向心加速度做定圆等速行驶时，其车身侧倾角在 3° 之内为好，最大不得超过 7°。

(3) 制动点头角

汽车以 0.4g 的减速度制动时的车身点头角应不大于 1.5°，否则将影响乘坐舒适性。

(4) 风阻系数

风阻系数是通过风洞实验和下滑实验确定的数学参数，用来计算汽车受到空气阻力的大小。风阻系数取决于汽车外形，与空气阻力成正比，主要影响汽车的油耗和行驶稳定性。一般来讲，我们在马路上看到的大多数汽车的风阻系数在 0.30 左右。流线性较好的汽车如跑车等，其风阻系数可以达到 0.28 以下，赛车可达到 0.15 左右。

汽车的风阻系数越小，汽车的燃油消耗越低。风阻系数每降低 10%，实际油耗可以降低 2.5%。一般来讲，当一辆汽车正常行驶时，它所受到的主要力量大致来自三个方面：一是它本身由发动机输出的前进力量；二是来自地面的摩擦力；三是风阻。风阻可以通过汽车本身的风阻系数计算出来。风阻系数是根据风洞测试结果计算出来的。当车辆在风洞中测试时，借由风速模拟汽车行驶时的车速，再以测试仪器测知这辆车需花多少力量抵挡风速的风阻，使车不至于被风吹得后退。在测得所需之力后，扣除车轮与地面的摩擦力，剩下的就是风阻，然后再以空气动力学的公式算出所谓的风阻系数：

风阻系数 = 正面风阻力 × 2 ÷（空气密度 × 车头正面投影面积 × 车速平方）

6. 汽车的行驶平顺性

因为汽车的行驶平顺性主要是保持汽车在行驶过程中产生的振动和冲击环境对乘员舒适性的影响在一定界限之内，因此行驶平顺性主要根据乘员主观感觉的舒适性来评价。对于载货汽车，汽车的行驶平顺性还包括保持货物完好的性能，是现代高速汽车的主要性能之一。

7. 汽车的通过性

汽车的通过性（越野性）是指它能以足够高的平均车速通过各种坏路和无路地带（如松软地面、凹凸不平地面等）及各种障碍（如陡坡、侧坡、壕沟、台阶、灌木丛、水障等）的能力。根据地面对汽车通过性影响的原因，它又分为支承通过性和几何通过性。

（1）最小离地间隙

最小离地间隙（见图1-9）是指满载车辆水平停稳后，地面与车辆底部刚性部件（发动机油底壳、油箱或悬架托臂等部件）最低点之间的距离。离地间隙越大，通过不平路面的性能越好，反之，风阻系数小，高速稳定性较好。一般汽车的最小离地间隙为110 mm左右，而很多跑车甚至要低于100 mm，这是因为跑车的设计行驶速度都很高。要增加高速行驶时的车身稳定性以及降低风阻，就要降低车身和离地间隙。越野车和SUV车型的最小离地间隙较大，最低也要160 mm。

一般来说，汽车车身最低点一般是变速箱或者油底壳的下方；越野车的最低点一般是前后桥的差速器。

图1-9 最小离地间隙

（2）接近角与离去角

- 接近角是水平面与切于前轮轮胎外缘（静载）的平面之间的最大夹角。前轴前面任何固定在车辆上的刚性部件不得在此平面的下方。接近角越大，汽车在上下渡船或进行越野行驶时，就越不容易发生触头事故，汽车的通过性能就越好，如图1-10所示。
- 离去角是指汽车满载、静止时，自车身后端突出点向后车轮引切线与路面之间的夹角，即水平面与切于车辆最后车轮轮胎外缘（静载）的平面之间的最大夹角，位于最后车轮后面的任何固定在车辆上的刚性部件不得在此平面的下方。它表征了汽车离开障碍物（如小丘、沟洼地等）时，不发生碰撞的能力。离去角越大，汽车的通过性越好。相对于接近角用在爬坡时，离去角则适用在下坡时。车辆一路下坡，当前轮已经行驶到平地上，后轮还在坡道上时，后保险杠会不会卡在坡道上，关键取决于离去角。离去角越大，车辆就可以由越陡的坡道上下来，而不用担心后保险杠卡住。

图1-10 接近角与离去角

（3）最大涉水深度

最大涉水深度（见图1-11）就是汽车能安全无故障地通过的最大水深度，是评价汽车越野通过性的重要指标之一。

图1-11 最大涉水深度

（4）行李舱容积

行李舱容积（见图1-12）可显示行李舱的载物能力，一般用一个数值或范围值表示，单位为升（L）。两厢车型后排座位放倒前后可容纳数量不同的物品，用范围值表示，如标致308SW后排座椅放倒前后，行李舱容积分别为674 L和2 149 L。

图1-12 行李舱容积

（5）最小转弯半径

最小转弯直径（见图1-13）指将汽车方向盘转到极限，让汽车进行圆周运动，车辆外侧转向轮胎面中心在平整地面上的轨迹圆直径中的较大者，表征汽车通过狭窄弯曲地带或绕开障碍物的能力。最小转弯半径与汽车的轴距、轮距及转向轮的极限转角直接相关。轴距、轮距越大，转弯直径也越大；转向轮的极限转角越大，转弯直径就越小。

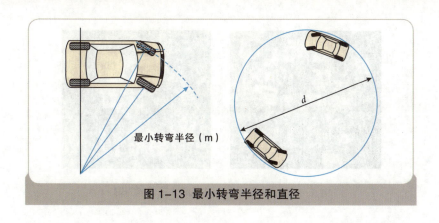

图1-13 最小转弯半径和直径

任务二　车辆主要技术参数和配置解读

一、汽车主要技术参数和配置解读

以比亚迪 S6 为例，介绍其主数技术参数，如图 1-14 所示。

比亚迪S6技术参数		
尺寸及质量		
长×宽×高/mm	4 810×1 855×1 680（带行李架高度为1 725）	
轴距/mm	2 720	
轮距（前/后）/mm	1 580/1 555	
最小转弯半径/m	5.9	
整备质量/kg	1 620	1 700
最小离地间隙/mm	190	
动力及性能		
发动机型号	BYD483QB	三菱4G69
排气量/L	2.0	2.4
最大功率/(kW·rpm^{-1})	103/6 000	118/5 000~6 000
最大扭矩/(N·m·rpm^{-1})	186/4 000~4 500	215/3 500~4 500
最高时速/(km·h^{-1})	180	185
油箱容积/L	72	
制动及悬架		
悬架系统/（前/后）	麦弗逊式独立悬架/麦弗逊三连杆式独立悬架	
制动系统/（前/后）	通风盘式/盘式	
轮胎尺寸	225/65R17	

图 1-14　比亚迪 S6 技术参数

1. 发动机 BYD483QB / 三菱 4G69

发动机 BYD483QB / 三菱 4G69 及其技术参数如图 1-15、表 1-1 所示。

图 1-15　发动机 BYD483QB / 三菱 4G69

表 1-1 BYD483QB / 三菱 4G69 参数

发动机型号：	BYD483QB	三菱 4G69
排量 /mL	1 991	2 378
进气形式	自然吸气	自然吸气
气缸排列形式	L	L
气缸数 / 个	4	4
每缸气门数 / 个	4	4
压缩比	—	9.5
配气机构	DOHC	SOHC
缸径	—	87
冲程	—	100
最大马力 /ps	140	160
最大功率 /kW	103	118
最大功率转速 /rpm	6 000	5 000 ~ 6 000
最大扭矩 /（N·m）	186	215
最大扭矩转速 /rpm	4 000 ~ 4 500	3 500 ~ 4 500
发动机特有技术	BIVT 可变进气系统	MIVEC 智能可变气门正时系统
燃料形式	汽油	汽油
燃油标号	93 号	93 号
供油方式	多点电喷	多点电喷
缸盖材料	铝	铝
缸体材料	铝	铁
环保标准	国 IV	国 IV

2. 汽缸容积 / 排气量

气缸排气量是指活塞从下止点到上止点所扫过的气体容积，取决于缸径和活塞行程。发动机排量是各气缸排量的总和，一般用 mL（毫升）或 L（升）表示。由于气缸体是圆柱体，它的容积不太可能正好是整升数，因此才会出现 1 998 mL、2 397 mL 等数字，可近似标示为 2.0 L、2.4 L。发动机的排量越大，每次吸入的可燃混合气就越多，燃烧时产生的动力就越强。

3. 发动机功率

定义：单位时间内所做的功。可见功率与时间有关，或者说与做功的速度有关，是衡量做功能力的一个指标。一辆汽车的功率越大，说明这款车做功的能力可能越强。从它的计算公式"功率 = 转矩 × 转速"上可看出，功率和转矩、转速成正比。也就是说，这两者不论谁增大或减小，都会使功率增强或减弱。因此，当在低转速时，转矩的大小非常重要，直接影响汽车做功的能力。所以，我们都强调汽车在较低转速时的转矩特性，"低转速大转矩"的车的起步能力强。

和转矩一样，功率也是个变量，不同转速状态下它的功率输出是不一样的。大功率时的转速与最大转矩时的转速一般都不一样。一般来讲，前者往往比后者要高不少。功率与转速成正比。

> **注意：**
>
> 功率的单位和转矩一样也有多种，除了千瓦外，还有马力，并且有 ps、hp、bhp 三种"马力"。ps 是公制马力，来自德文 Pferde-Strke，即马的力气。1 马力（ps）的衡量标准是指"1 秒内把 75 kg 的重物提升 1 m"。hp 或 bhp，分别来自 Horse Power 和 Braking Horse Power，分别意为"马的力气"和"制动时马的力气"。其中 hp 是英制马力，和 bhp 差不多，只是它们的测量方法不同，后者是用制动器（现称测功机）方法测出来的。

4. 发动机最大扭矩

扭矩越大，发动机输出的"劲"越大，曲轴转速的变化也越快，汽车的爬坡能力、起步速度和加速性也越好。扭矩随发动机转速的变化而不同，转速太高或太低，扭矩都不是最大，只在某个转速时或某个转速区间内才有最大扭矩，这个区间就是在标出最大扭矩时给出的转速或转速区间。最大扭矩一般出现在发动机的中、低转速范围，随着转速的提高，扭矩反而会下降。扭矩的单位是牛顿·米（N·m）或公斤·米（kg·m）。

发动机的最大扭矩与发动机的进气系统、供油系统和点火系统的设计有关，在某一转速下，这些系统的性能匹配达到最佳时，就可以达到最大扭矩。另外，发动机的功率、扭矩和转速是相关联的，具体关系为：功率 =K× 扭矩 × 转速，其中 K 是转换系数。

5. 最高车速

汽车满载，在平直、良好的水泥或沥青路面上用最高挡行驶，可以达到的最高行驶速度，称为汽车的最高车速。

6. 轮胎尺寸 225/65R17

225 —— 轮胎宽度（mm）：225 代表轮胎宽度是 225 mm；

65 —— 扁平比：65 表示轮胎断面的扁平比是 65%，即断面高度是宽度的 65%；

R —— 辐射层结构：R 指轮胎为子午线结构；

17 —— 轮胎内径（in）：17 表示轮辋直径是 17 in。

7. 通风盘式／盘式刹车

碟式、通风盘式（见图 1-16）、摩擦片式刹车都可归于盘式刹车。

盘式刹车的作用方式与普通自行车的制动方式相似：卡钳上的刹车片与车轮链接的刹车盘在刹车时相互作用，直到车轮停止转动。

通风盘式则是在刹车盘上打孔，利用行驶带来的自然风帮助散热。

盘式刹车可以方便地与 ABS 系统配合，更多地在中高档轿车上使用。除了在汽车上应用外，盘式刹车还在轨道交通行业有着广泛的应用，如高速动车组。

图 1-16 通风盘式/盘式刹车

8. 悬架系统

悬架系统是汽车的车架与车桥或车轮之间的一切传力连接装置的总称。其功能是传递车轮和车架之间的力和力矩，并且缓冲由不平路面传给车架或车身的冲击力，并衰减由此引起的振动，以保证汽车平顺行驶。悬架系统应有的功能是支持车身，改善乘坐的感觉。不同的悬架设置会使驾驶者有不同的驾驶感受。外表看似简单的悬架系统综合了多种作用力，决定着汽车的稳定性、舒适性和安全性，是现代汽车十分关键的部件之一。麦弗逊式独立悬架系统如图 1-17 所示。

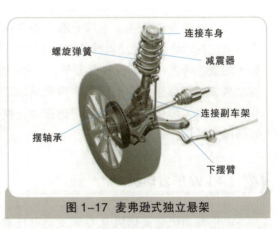

图 1-17 麦弗逊式独立悬架

9. 发动机分类

汽车发动机一般都由多个圆筒状的气缸组成，每个气缸可以独立工作，并将它们的合力组合在一起，共同驱动汽车前进。这些气缸可以以不同形式组合，从而产生不同形式的发动机。目前最常见的发动机有 6 种气缸排列形式，分别是直列发动机、V 形发动机、水平对置发动机、W 形发动机、往复式发动机和转子发动机。

（1）直列发动机

直列发动机的所有汽缸均肩并肩排成一个平面，如图 1-18 所示。它的缸体和曲轴结构简单，而且使用一个汽缸盖，制造成本较低，稳定性高，低速扭矩特性好，燃料消耗少，尺寸紧凑，应用比较广泛。其缺点是功率较低。"直列"可用 L 代表，后面加上汽缸数就是发动机代号，现代汽车上主要有 L3、L4、L5、L6 型发动机。

图 1-18 直列发动机

（2）V形发动机

V形发动机就是将所有汽缸分成两组，把相邻汽缸以一定夹角布置一起，使两组汽缸形成一个有夹角的平面，从侧面看汽缸呈V字形的发动机，如图1-19所示。V形发动机的高度和长度尺寸小，在汽车上布置起来较为方便。它便于通过扩大汽缸直径来提高排量和功率，并且适合于较高的汽缸数。目前国产的中高档车型中，不少采用V形6缸发动机，比如君威、帕萨特及奥迪A6等。

图1-19 V形发动机

（3）水平对置发动机

水平对置发动机活塞平均分布在曲轴两侧，在水平方向上左右运动，使发动机的整体高度降低、长度缩短、整车的重心降低，车辆行驶更加平稳，如图1-20所示。发动机安装在整车的中心线上；两侧活塞产生的力矩相互抵消，大大降低车辆在行驶中的振动，使发动机转速得到很大提升，减少噪声。

图1-20 水平对置发动机

（4）W形发动机

W形发动机是德国大众专属发动机技术。将V形发动机的每侧汽缸再进行小角度的错开（如帕萨特W8的小角度为15°），就成了W形发动机，如图1-21所示。也可以说W形发动机的汽缸排列形式是由两个小V形组成一个大V形。严格说来W形发动机应属V形发动机的变种。

图1-21 W形发动机

（5）往复式发动机/转子发动机

往复式发动机和转子发动机都依靠空燃混合气燃烧产生的膨胀压力，以获得转动力。两种发动机的机构差异在于使用膨胀压力的方式。在往复式发动机中，产生在活塞顶部表面的膨胀压力向下推动活塞，机械力传给连杆，带动曲轴转动。转子发动机的膨胀压力作用在转子的侧面。从而将三角形转子的三个面之一推向偏心轴的中心。这一运动在两个分力的作用下进行。一个是指向输出轴中心的向心力；另一个是使输出轴转动的切线力。转子发动机如图1-22所示。

图1-22 转子发动机

思考与练习

一、填空题

1. 发动机的技术参数有：_____、_____、_____、_____。
2. 车体结构可分为_____、_____、_____、_____。
3. 轮胎上尺寸 225/65R17 代表：_____。

二、判断题

1. 发动机的平均有效功率与加速时间无关。　　　　　　　　　　　　（　　）
2. 汽车排放不符合要求的主要原因是发动机怠速过高。　　　　　　　（　　）
3. 所有车辆的前轮距等于后轮距。　　　　　　　　　　　　　　　　（　　）

三、选择题

1. 当汽车实际车速为 40 km/h 时，汽车车速表指示值应为（　　）。
   A.36 ~ 42 km/h　　　　B.33.3 ~ 42.1 km/h　　　　C.38 ~ 48 km/h
2. 汽车在平坦道路上加速行驶时不存在的阻力是（　　）。
   A 空气阻力　　　　B 滚动阻力　　　　C 加速阻力　　　　D 坡道阻力
3. 汽车在行驶过程中，车轮处于（　　）状态。
   A. 纯滚动　　　　B. 纯滑动　　　　C. 边滚边滑

课题二
汽车保养总体认识

知识目标

1. 掌握汽车保养的周期。
2. 掌握汽车 VIN 码的含义及组成。

技能目标

1. 学会汽车保养与维护的意义。
2. 学会汽车 VIN 码的识别组成和含义。

素养目标

培养学生形成生态优先、节约环保、绿色低碳发展的理念。

任务一　汽车保养概论

一、汽车保养与维护的意义

汽车保养是指为了使汽车处于良好的技术状态，以延长其使用寿命而对汽车所采取的一系列预防性维护措施。

汽车在使用过程中，由于各种因素的影响，其技术状况必将随着行驶里程的增加而逐渐变坏，各部机件的配合将会不同程度出现松动、磨损、锈蚀、结垢等现象。如果对这些情况不进行及时检查、调整、紧固与清洁，就会影响这些机件的正常工作，致使汽车的动力性、经济性和工作可靠性下降，甚至引发车辆事故。因此，做好汽车的技术保养工作是十分重要的。

让你的车越来越年轻
——汽车的日常保养

及时地对汽车进行保养有如下作用：
- 可使汽车经常处于良好的技术状态，以充分发挥汽车的特点。
- 可以减少汽车的运行故障，预防故障的发生，以提高汽车的运输效率和运输效益。
- 可以降低燃料、器材消耗，降低运输成本。
- 延长汽车使用寿命，创造更多的效益。

二、汽车保养的周期与内容

1. 汽车保养周期与内容

保养车辆是为了时刻保证车辆工作的最佳状态。而定期的车辆检查可以尽早发现故障所在并排除故障。一汽大众汽车保养周期和内容如表2-1所示，保养零部件价格可参考表2-2。

表2-1　一汽大众汽车保养周期和内容

行驶里程/km	机油	机滤	空气滤清器	空调滤清器	汽油滤清器	刹车油	变速箱油	转向助力油	火花塞	正时皮带
7 500	●	●	-	-	-	-	-	-	-	-
15 000	●	●	-	●	-	-	-	-	-	-
22 500	●	●	-	-	-	-	-	-	-	-
30 000	●	●	●	●	●	-	-	-	●	-
37 500	●	●	-	-	-	-	-	-	-	-
45 000	●	●	-	●	-	-	-	-	-	-
52 500	●	●	-	-	-	-	-	-	-	-
60 000	●	●	●	●	●	●	●	●	●	-
备注：●表示正常保养更换										

表 2-2 保养零部件价格参考

易损配件	参考价格/元	备注	易损配件	参考价格/元	备注
机油	115	5W-40（4L）	全合成机油	292	0W-30（4L）
机油滤清器	26		空气滤清器	64	
空调滤清器	44		汽油滤清器	80	
刹车油	75		变速箱油	550	110元/桶，需5桶
转向助力油	82		火花塞	272	68元/个，需4个
正时皮带	130	/根	发动机冷却液	40	/桶
刹车片	831	前：415元/对 后：416元/对	雨刷片	76	/对
电瓶	540				

2. 每天的保养内容

外观检查：出车前，环视汽车，看看灯光装置有没有损坏，车身有没有倾斜，有没有漏油、漏水等泄漏情况；检查轮胎的外表情况；检查车门、发动机仓盖、行李舱盖和玻璃的状况。

信号装置检查：打开点火开关钥匙（不起动发动机），检查各报警灯和指示灯的点亮情况，起动发动机，查看各报警灯是否正常熄灭，指示灯是否还在点亮。

燃油检查：查看油量表的指示，补充燃油。

3. 每周的保养内容

轮胎气压：检查调整轮胎气压、清理轮胎上的杂物。不要忘记对备胎进行检查。

发动机及各种油液：检查发动机各部件的固定情况，查看发动机各结合面有没有漏油、漏水的情况；检查调整皮带紧度；查看各部位的管路和导线固定情况；检查补充机油；检查补充冷却液；检查补充电解液；检查补充动力转向机油；清洁散热器外表；补充风挡玻璃清洗液等。

清洁：清洁汽车内部，清洗汽车外表。

4. 每月的保养内容

外部检查：巡视汽车，检查灯泡及灯罩的损坏情况；检查车体饰物的固定情况；检查倒车镜的情况，清理行李舱。

轮胎：检查轮胎的磨损情况，磨损接近轮胎的磨耗记号时应更换轮胎，检查轮胎有没有鼓包、异常磨损、老化裂纹和硬伤等情况。

清洁打蜡：彻底清扫汽车内部；清洁水箱外表、机油散热器外表和空调散热器外表。

底盘：检查底盘有没有漏油现象，发现有漏油痕迹时，应检查各总成的齿轮油量并进行适当补充，对底盘所有的油嘴进行充分的补脂作业。

5. 每半年的保养内容

（1）发动机外部

清洗发动机外表，清洗时注意对电气部分的防水处理。如果电气部分对防水要求较高，则避免用高压、高温的水枪冲洗发动机，可以用毛刷沾清洗剂清洗发动机外表。

(2)检查带分电器发动机

用干净的抹布拭净分电器盖内的污物,清除分电器触点处的污物,消除触点烧蚀的斑痕,检查高速触点间隙或电子点火系统的磁极间隙,润滑分电器各润滑点。

(3)清洗滤清器

使用压缩空气吹去空气滤清器的灰尘;适时更换燃油滤清器,并清洗管路接头的滤网;更换机油及机油滤清器。对于国产车还应清洗机油粗滤清器、燃油预滤清器和离心式细滤清器。

(4)蓄电池

检查蓄电池接线柱部分有没有腐蚀的现象,用热水冲洗蓄电池外表,清除蓄电池接线柱上的腐蚀物。测量调整蓄电池的电解液比重。

(5)冷却液

检查补充冷却液、清洁水箱外表。

(6)轮胎轮毂

检查轮胎的磨损情况,对轮胎实施换位。检查轮毂、轴承预紧情况,如有间隙应调整预紧度。

(7)制动系统

- 检查调整手制动拉杆工作行程。
- 检查调整鼓式手制动器的蹄片间隙。
- 检查调整脚制动踏板的自由行程。
- 检查车轮制动器蹄片磨损情况,如果达到磨耗记号应更换制动蹄片。
- 检查调整车轮制动器蹄片间隙。
- 检查补充制动液等。

(8)底盘检查

- 检查底盘重要螺栓或螺母的紧定情况,特别是转向系统的重要螺栓和螺母,发现有松动或缺损情况,应补齐并拧紧。
- 检查底盘各部分管路情况,查看有没有泄漏,检查紧固所有金属连接杆件,并检查橡胶轴套有没有损坏的情况,对底盘所有润滑点进行补脂润滑。

(9)灯光

- 检查修理汽车灯光。
- 检查维护制冷、取暖装置，清洁音响系统等。

6. 每年的保养内容

点火正时：检查调整汽车发动机的点火正时情况，对柴油机的供油正时的检查与调整最好到修理厂进行。

气门间隙：对装有普通气门的发动机，应检查高速气门间隙。

清洁润滑：清洁发动机仓盖、车门和行李舱的铰接机构的油污，重新调整并润滑上述机构。

7. 每两年的保养内容

防冻液：防冻液一般的使用年限为两年，届时应在年度保养中更换防冻液，并对冷却系统进行彻底的清洗。

制动系统：由于制动系统具有吸湿性，所以制动液每两年需更换一次。

任务二　汽车的 VIN 码

一、汽车 VIN 码的含义

目前世界各国汽车公司所生产的绝大部分汽车都使用了汽车识别代码，简称 VIN（Vehicle Identification Number）码。汽车识别代码的作用及其重要性，被越来越多的人认识和重视。无论是汽车整车及配件营销人员、汽车维修工、车辆保险人员、二手车评估人员，还是车辆交通管理人员以及与汽车相关的其他人员，对于汽车规格参数和性能特征等信息的了解、认识和掌握，必不可少的信息工具都是汽车识别代码。

VIN 码是汽车制造厂为了识别一辆汽车而规定的一组字码，由一组英文字母和阿拉伯数字组成，共 17 位，故又称为 17 位码。图 2-1 所示为某辆东风标致 307 轿车的 VIN 识别码：LDC913W3940063395。

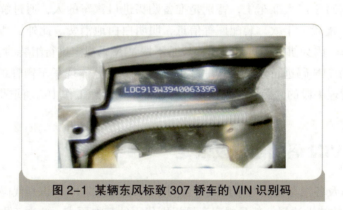

图 2-1　某辆东风标致 307 轿车的 VIN 识别码

17 位 VIN 码的每一位代码代表着汽车某一方面的信息参数。我们从该码中可以识别出车辆的生产国家、制造公司或生产厂家、车辆的类型、品牌名称、车型系列、车身型式、发动机型号、车型年款（属于哪年生产的年款车型）、安全防护装置型号、检验数字、装配工厂名称和出厂顺序号码等信息。

VIN 码具有全球通用性、最大限度的信息承载性和可检索性，已成为全世界识别车辆唯一准确的"身份证"。17 位编码经过特定的排列组合可以保证每个制造厂在 30 年之内生产的每辆汽车识别代号具有唯一性，不会发生重号或错认。由于现代汽车车辆的使用周期逐年缩短，一般 6～10 年就会被淘汰，所以 VIN 码已足够应用。

当每辆车打上 VIN 码后，其代号将伴随车辆的注册、保险、年检、保养、修理直至回收报废。在办理车辆牌照、处理交通事故、查获被盗车辆、侦破刑事案件、保险索赔、车辆维修与检测、汽车营销、进出口贸易等方面，17 位 VIN 码都具有十分重要的作用。

- 车辆管理部门通过对 VIN 码的统一管理，能够实现车辆管理的规范化，保证车辆登记状况的准确性，使车辆年检和报废管理体系更加完善。如果推行条码化 VIN 管理，可以大大提高车辆登记、年检的效率和准确性。工作人员只要利用条码读取设备就能够快速获得车辆信息，减少了人工输入次数。到目前为止，国内的上海大众和长安汽车采用了"条码化"的 VIN。因此，交管部门可以在年检标签中打印车辆的 VIN 码，这将为日后车辆的管理工作提供极大方便。
- 各大保险公司只要通过车辆的 VIN 码，结合车辆管理部门提供的车辆登记和使用记录，就可以分析车辆的盗抢、交通事故情况等，估计车辆承保的风险程度，从而能够针对不同的车辆制定相应的保险制度。这对于当前保险公司推行的浮动车险费率制度至关重要。
- 整车制造厂通过 VIN 码，结合车辆制造档案可以明确各批次车辆及零部件的去向和车辆的生产、销售及使用状况，对于进行调整生产、改进售后服务和实行汽车召回具有重大的指导意义。
- 维修企业通过车辆 VIN 码，查询相关的 VIN 规则说明，可以准确确定车辆的车型年款以及相应的配置状况，从而选择合适的仪器设备和相关的车型维修资料，正确地进行故障诊断和车辆维修。另外，配件订购也离不开车辆 VIN 码，因为不同批次的同一车型选用的配件也不尽相同，通过 VIN 码能明确车辆配置及其生产年限、批次，从而找到正确的零件。
- 在二手车市场上，车辆 VIN 码也大有作为。通过它可以了解车辆的生产年份、产地、车型、车身型式、发动机配置等。
- 了解了 VIN 码的相关知识，广大车主也能对爱车了如指掌，在维修、配件采购及其他相关环节做到心中有数。对于广大准车主，特别是准备购买进口汽车的人，通过解读车辆 VIN 码，能了解到车辆的产地、配置、年款、装配厂等信息，明明白白地消费。此外，利用 VIN 码还可以鉴别出拼装车和走私车，因为拼装的进口汽车一般是不按 VIN 码规定进行组装的。

总而言之，利用 VIN 码进行车辆各相关环节的管理，充分体现了车辆管理制度的严谨性、科学性，实现了车辆管理手段的国际化、现代化，在日常车辆管理工作中必将取得事半功倍的效果。

二、汽车 VIN 码的组成及规定

世界各国政府以及各汽车公司对本国或本公司生产的汽车的 17 位识别代码（VIN 码）编码都有具体的规定。各国的技术法规一般只规定车辆识别代码的基本要求，如对字母和数字的排列位置、安装位置、书写形式和尺寸都有相应的规定等，并应保证 30 年内不会重号。

除对个别符号的含义有统一要求外，其他不做硬性规定，而是由生产厂家自行规定其代码的含义。

各国有关车辆识别代码的技术法规各有所异，但也有共同之处，如汽车识别代码的第 9 位必须是工厂检查数字代码。对于 VIN 码在汽车上的安装位置，各国汽车生产厂家的各类车型也不尽相同。如美国规定 VIN 码应安装在汽车仪表板左侧，在车外透过挡风玻璃可以清楚地看到而便于检查，而欧洲共同体则规定 VIN 码应安装在汽车右侧的底盘车架上或标写在厂家铭牌上。我国《车辆识别代码（VIN）管理规则》规定：汽车识别代码应尽量位于车辆的前半部分、易于看到且能防止磨损或替换的部位。对于小于或等于 9 人座的乘用车和最大总质量小于或等于 3.5 t 的载货汽车，车辆识别代码应位于仪表板上靠近风窗立柱的位置，在白天日光照射下，观察者无须移动任一部件从车外即可分辨出车辆识别代码，如图 2-2 所示。

图 2-2 常见 VIN 码的安装位置

我国规定汽车识别代码由三个部分组成，对于年产量大于或等于 500 辆的汽车制造厂，汽车识别代码的第一部分为世界制造厂识别代码（WMI）；第二部分为车辆说明部分（VDS）；第三部分为车辆指示部分（VIS），如图 2-3 所示。

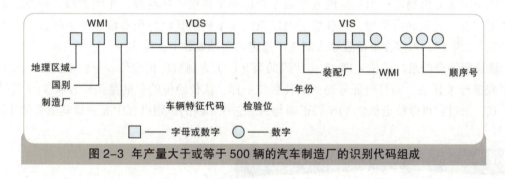

图 2-3 年产量大于或等于 500 辆的汽车制造厂的识别代码组成

对于年产量小于 500 辆的汽车制造厂，汽车识别代码的第一部分为世界制造厂识别代码（WMI）；第二部分为车辆说明部分（VDS）；第一、三部分的第 3、4、5 位字码同第一部分的三位字码一起构成世界制造厂识别代号（WMI），其余五位字码为车辆指示部分（VIS），如图 2-4 所示。

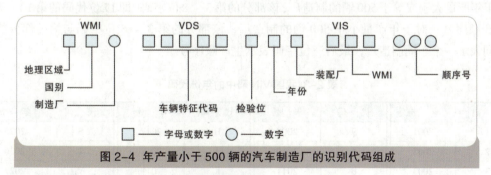

图 2-4 年产量小于 500 辆的汽车制造厂的识别代码组成

1. 世界制造厂识别代码（WMI）

世界制造厂识别代码（WMI）由三位字母或数字组成，必须经过申请、批准和备案后方能使用。
第 1 位字码标明一个地理区域的字母或数字。
第 2 位字码表示这个特定区域的一个国家的字母或数字。
第 3 位字码标明某个特定的制造厂的字母或数字。

第1、2、3位字码的组合将保证一个国家的某个汽车制造厂识别标志的唯一性。对于年产量小于500辆的制造厂，世界制造厂识别代码的第3位字码为数字9。此时，车辆指示部分的第3~5位字码，即17位码的12、13、14位字码将与第一部分的三位字码共同作为世界制造厂识别代码。

美国的WMI前两位区段为1A-113，4A-40，5A-50；中国的WMI前两位区段为LA-L0，规定了所有在中国境内生产的汽车产品的WMI编号必须在该区段内。

以下是国内常见汽车制造厂家的WMI编号：

LSV：上海大众　　LFV：一汽大众　　LDC：神龙汽车　　LEN：北京吉普
LHG：广州本田　　LHB：北汽福田　　LKD：哈飞汽车　　LS5：长安汽车
LSG：上海通用　　LNB：北京现代　　LNP：南京菲亚特　　LFP：一汽轿车

2. 车辆说明部分由6位字码组成

车辆说明部分由制造厂用不同的数字或字母标明车辆型式或品牌，车辆类型、种类、系列、车身类型、发动机或底盘类型、驾驶室类型以及汽车车辆的其他特征参数。如果制造厂不用其中的一位或几位字码，则应在该位置填入制造厂选定的字母或数字占位。

车辆说明部分的最后一位（即17位代码的第9位）为制造厂检验位。检验位由0~9中的任一数字或字母X标明。与身份证号码中的校验位一样，该校验位的目的是提供校验VIN编码正确性的方式，通过它可以核定整个VIN码正确与否。它在车辆的识别过程中起着极其重要的作用。

3. 车辆指示部分由8位字码组成

该部分的第1位字码（即17位代码的第10位）表示汽车生产年份，年份代码按表2~3的规定对照使用。

第2位字码（即17位代码的第11位）用来指示汽车装配厂，若无装配厂，制造厂可规定其他内容。

对于年产量大于或等于500辆的制造厂，该部分的第3~8位字码（即17位代码的第12~17位）表示生产顺序号；对于年产量小于500辆的制造厂，该部分的第3~5位字码与第一部分的三位字码共同表示一个车辆制造厂，最后三位字码表示生产顺序号。

表2-3 我国VIN码中的年份代码

代码	年份	代码	年份	代码	年份	代码	年份
1	2001	9	2009	H	2017	S	2025
2	2002	A	2010	J	2018	T	2026
3	2003	B	2011	K	2019	V	2027
4	2004	C	2012	L	2020	W	2028
5	2005	D	2013	M	2021	X	2029
6	2006	E	2014	N	2022	Y	2030
7	2007	F	2015	P	2023	1	2031
8	2008	G	2016	R	2024	2	2032

三、VIN 码中各代码的含义举例

1. 上海大众集团 VIN 码的含义

L	S	V	H	H	1	3	3	0	2	2	2	0	4	3	2	1
(1)	(2)	(3)	(4)	(5)	(6)	(7)	(8)	(9)	(10)	(11)	(12)	(13)	(14)	(15)	(16)	(17)

（1）第 1~3 位：世界制造厂识别代码

LSV：上海大众汽车有限公司。

（2）第 4 位：车身型式代码

A：4 门折背式车身　　B：4 门直背式车身　　F：4 门短背式车身

H：4 门加长型折背式车身　　K：2 门短背式车身

（3）第 5 位：发动机/变速器代码

①车型系列：上海大众桑塔纳轿车、上海大众桑塔纳旅行轿车、上海大众桑塔纳 2000 轿车

A：JV（026A）/AHM　　B：JV（026A）+LPG/AHM

C：JV（026A）/2P　　D：JV（026A）+LPG/2P

E：JV（026A）+CNG/2P　　F：AFE（026N）/2P

G：AYF（050B）/QJ　　H：AJR（06BC）[AYJ（06BC）]/2P

J：AYJ（06BC）/FNV　　K：AFE（026N）+LPG/2P

②车型系列：上海大众帕萨特轿车 PASSAT

A：ANQ（06BH）/DWB（FSN）　　B：ANQ（06BH）/DMU（EPT）

C：AWL（06BA）/EZS　　D：AWL（06BA）/EMG

E：BBG（087.2）/EZY　　L：BGC（06BM）/EZS

M：BGC（06BM）/EMG

③车型系列：上海大众波罗轿车 POLO

A：BBC（036P）/GET（FCU）　　B：BBC（036P）/GCU（ESK）

C：BCD（06A6）/GEV（FXP）

④车型系列：上海大众高尔轿车 GOL

A：BI-IJ（050.C）/GPJ

（4）第 6 位：乘员保护系统代码

0：安全带；

1：安全气囊（驾驶员）；

2：安全气囊（驾驶员和副驾驶员、前座侧面）；

3：安全气囊（驾驶员和副驾驶员、前后座侧面）；
4：安全气囊（驾驶员和副驾驶员）；
5：安全气囊（驾驶员和副驾驶员、前后座侧面、头部）；
6：安全气囊（驾驶员和副驾驶员、前座侧面、头部）；

（5）第7~8位：车辆等级代码

33——上海大众桑塔纳轿车、上海大众桑塔纳旅行轿车、上海大众桑塔纳2 000轿车；
9F——上海大众帕萨特轿车；
9J——上海大众波罗轿车；
5X——上海大众高尔轿车。

（6）第9位：工厂检验代码

（7）第10位：生产年份代码

2：生产年份为2002年。

（8）第11位：生产装配工厂

2：上海大众汽车有限公司。

（9）第12~17位：工厂生产顺序代码

> **注意**
> 上海大众集团的VIN码含义是按车辆生产年份分别定义的，以上仅适用于2001—2010年生产的车辆。

2. 美国福特汽车公司轿车VIN码的含义

1	L	N	L	M	8	1	W	6	P	J	1	0	6	2	3	5
(1)	(2)	(3)	(4)	(5)	(6)	(7)	(8)	(9)	(10)	(11)	(12)	(13)	(14)	(15)	(16)	(17)

（1）第1位：生产国别代号

1：美国　　2：加拿大　　3：墨西哥　　6：澳大利亚　　J：日本　　K：韩国

（2）第2位：生产或归口部门代码

F：FORD 福特车部　　L：LINCOLN 林肯车部　　M：MERCURY 水星车部

(3) 第3位：车型类别代码

A：福特轿车　　B：大陆轿车　　D：开发车型　　E：水星轿车
J：不完整汽车　M：多用途车　　N：轿车　　　　4：货车

(4) 第4位：乘员安全保护装置代码

B：主动安全带　　　　　C：主动安全带及驾驶员安全气囊　　　D：前排主动安全带
P：前排被动式安全带　　L：主动安全带及驾驶员/前排乘员安全气囊

(5) 第5位：车型系列代码

M：林肯/水星　　P：福特　　T：海外生产车型

(6) 第6~7位：车身类型代码

01：CAPRI 双门活动顶篷　　　　　03：CAPRI 双门活动顶篷 XR2 型
04：ESCORT 护卫者双门溜背式　　81：LINCOLN TOWN CAR 林肯城市4门轿车

(7) 第8位：发动机型号代码

A：2.0 L 四缸/2.3 L 四缸　　B：2.5 LV6/3.3 L 六缸　　　C：2.2 L 四缸/3.8 LV6 增压
D：2.3 L 四缸/2.5 L 四缸　　E：5.0 LV8 强输出发动机　　W：4.6 LV8

(8) 第10位：车型年款代码

A：1980　　B：1981　　C：l982　　D：1983　　P：1993　　R：1994

(9) 第11位：总装工厂代码

C：Chicago 芝加哥　　K：Kansas 堪萨斯　　J：Los Angeles 洛杉矶

3. 东风标致汽车公司轿车 VIN 码的含义

L	D	C	9	1	3	L	2	2	4	0	0	0	0	0	2	3
(1)	(2)	(3)	(4)	(5)	(6)	(7)	(8)	(9)	(10)	(11)	(12)	(13)	(14)	(15)	(16)	(17)

（1）第1～3位：世界制造厂识别代码

LDC：东风神龙汽车有限公司

（2）第4位：车辆种类

1：普通乘用车　　2：活顶乘用车　　3：高级乘用车　　4：小型乘用车　　5：敞篷车
6：舱背乘用车　　7：旅行车　　　　8：多用途乘用车　9：短头乘用车　　10：越野乘用车
11：专用乘用车（旅居车、防弹车、救护车、殡仪车）　　1～6：一般称为轿车

（3）第5位：车型系列代码

车型系列代码与其生产厂家有关。

（4）第6位：车身类型代码

2：两厢车　　3：三厢车有些公司用字母表示车辆外观。

（5）第7位：发动机类型代码

L：1.6 L四缸发动机　　2：2.0 L四缸发动机。

（6）第8位：装备变速箱类型

2：手动变速箱　　3：自动变速箱。

（7）第9位：校验位

通过一定的算法防止输入错误，也可叫检验位，一般用0～9十个数字之一表示。

（8）第10位：车型年份

车型年份即厂家规定的型年（Model Year），不一定是实际生产的年份，但一般与实际生产的年份之差不超过1年。例如：4：生产年份为2004年。

（9）第11位：总装工厂代码

0：代表原厂装配。

（10）第12～17位：生产顺序代码

一般情况下，汽车召回都是针对某一顺序号范围内的车辆，即某一批次的车辆。

一、填空题

1. 汽车VIN码中包含了车辆的_____、_____、_____、_____、_____。
2. 车辆VIN码LVVDA11A75D023437，根据其找出生产年份_____。

二、判断题

1. 车辆识别代码（VIN）经过排列组合，可以生产车型在30年之内不会发生重号的现象。（　　）
2. 油量指示灯亮起时表示燃油已耗尽，车辆不能再行使。（　　）
3. 当驻车制动手柄拉起时，驻车指示灯应点亮；当手刹被放下时，该指示灯应自动熄灭。（　　）

三、选择题

1. 车辆识别代码（VIN）表示年份的是第（　　）位。
A.5　　　　　B.8　　　　　C.10　　　　　D.12

2. 车辆识别代码（VIN）由17位字符组成，第1～3位是世界制造厂识别代码（WMI），代表上海通用的是（　　）。
A．LSV　　　B．LSG　　　C．LFV　　　D．LHG

3. 以下哪项不是汽车常规性维护保养（　　）。
A.走合期　　B.一级维护　　C.二级维护　　D.日常维护

课题三 汽车油液与轮胎认知

知识目标

1. 掌握汽油与柴油的特性。
2. 掌握车用润滑油的性能。
3. 轮胎的特性。

技能目标

1. 能够正确选择发动机使用的润滑油。
2. 能够正确检测发动机润滑油的液位。
3. 能够正确检测轮胎磨损情况。

素养目标

培养学生遵规守纪、安全环保、诚实守信的职业素养。

任务一 汽车常用的各种油液

一、燃料的成分

汽车所用的燃料几乎都是由石油经现代提炼技术加工而成的,其主要成分是碳氢化合物 C_mH_n,通常称为烃。通过对石油逐步加温,在不同的温度范围可得到不同的馏分,其主要成分依次为轻馏分(汽油)、中馏分(轻柴油)、重馏分(润滑油的原料)和沥青等石油产品。

随着燃料中 C 含量的减少,H 含量的增加,燃料的质量变轻,并呈气态;若 C 含量增加,H 含量减少,则成为重质燃料;当 n 近似为零时,便成为煤炭。燃料中 H 的质量分数越大,燃烧污染越低;H 的质量分数越小,燃烧污染越高。不同的燃料分子组合,确定了燃料的不同特性。汽车所用燃料中,主要含有烷烃、烯烃等成分。

1. 烷烃

烷烃是饱和的链式结构,分子式用 C_nH_{2n+2} 表示。正烷烃是直链式结构,异烷烃是分支结构。由于异烷烃分子结构紧凑,所以其着火性比正烷烃差、抗爆性比正烷烃好。异辛烷的抗爆性最好,定为 100%。

2. 烯烃

烯烃由两个或多个 C 原子构成,C 原子间至少有一个双链连接,属于不饱和结构。烯烃也有异构体。正烯烃与正烷烃相比,具有更高的抗爆性。常温下稳定性差,易生成胶质,高温下形成过氧化物的倾向较小。

3. 环烷烃

环烷烃为环形单键相连的碳氢化合物,介于正烷烃和异烷烃之间,形成过氧化物的倾向较小。

4. 芳香烃

以双键相连的环状结构称为芳香烃。其结构紧凑,性能最稳定,不易着火,抗爆性强。

二、燃料的使用性能

1. 汽油

(1)汽油的使用性能

汽油的使用性能包括:抗爆性、挥发性、安定性、腐蚀性、清洁性。

1）抗爆性

在某些特定条件下，火花式点火发动机气缸中的燃料——空气混合气会在局部火焰前锋到达之前自动着火，引起"爆震"。长期在"爆震"下工作的发动机易受到损害并大大降低发动机寿命。引起"爆震"的原因是多方面的。一方面与发动机设计有关，如压缩比、点火时间、空燃比、涡流状态、配气正时、排气再循环率及燃烧室形状设计等。另一方面与燃料性质及大气状态有关。燃料抗爆性是衡量燃料抵抗爆震性能的尺度。

辛烷值用来表示燃料发生敲缸（Knock）倾向，也就是发生自燃（Autoignition）倾向的指标。人为地把异辛烷（Isooctane）的辛烷值定为100，把正庚烷（N-heptane）的辛烷值定为零，在标准的火花点火实验机上实验，把异辛烷在异辛烷与正庚烷混合液中所占的百分比定义为被试燃料辛烷值，此时被试燃料与混合燃料在实验机上应用时，具有最接近的性能。实验室公认测定燃料抗爆性的方法是研究法辛烷值测定法和马达法辛烷值测定法。研究法辛烷值（Research Octane Number）的实验条件是：进气温度为51.7℃，转速 $n = 600$ r/min，点火提前角13° CA(上止点前)；马达法辛烷值（Motor Octane Number）的实验条件是：进气温度为148.9℃，转速 $n = 900$ r/min，点火提前角19° ～ 26° CA(上止点前)。由实验条件可知研究法辛烷值适合于中、低转速时应用，马达法辛烷值适合中、高转速时应用。

这两种辛烷值的平均值，以（RON + MON）/2表示，称为抗敲缸指数AKI（Antiknock Index）。实际上，对燃料抗敲缸能力的最真实的评定是道路辛烷值（Road Octane Number）。它是在汽车运行时用敲缸极限点火提前角（Knock Limited Sparkadvance Angle）来评定的。实验表明：在发动机转速为低速时（1 000 ～ 2 000 r/min），道路辛烷值比较接近研究法辛烷值；在发动机转速为$n=$（1 500 ～ 2 500）r/min的中速时，道路辛烷值接近抗敲缸指数；在发动机转速为$n=$（3 000 ～ 4 000）r/min时，道路辛烷值接近马达法辛烷值。

为了提高汽油的辛烷值，可以应用抗敲缸添加剂，如四乙基铅（TEL）、四甲基铅（TML）和有机锰化合物（MMT，Methylcyclo-pendadiene Manganesetricanbonyl）。此外，在汽油中加入7%的甲基特丁基醚（MTBE，Methyl-t-butyl Ether）可使研究法辛烷值增加2 ～ 3个单位，使马达法辛烷值增加1 ～ 2个单位。近年来，有人将有机铁（如二茂铁）加入汽油，作为抗爆剂使用。但加入TEL、TML可以毒化三元催化剂，加入MMT可使HC排放增加。最近的研究表明MTBE对环保也有负面影响，而有机铁在燃烧后生成的氧化铁会增大发动机的磨损，造成电火花塞短路等问题，对发动机带来不利影响。因此汽油辛烷值主要靠成分（各种烃类）的调合配比保证。

2）挥发性

在多数点火式内燃机中，汽油以液体形式经喷射器与空气混合，在进入发动机前部分气化。因此，挥发性是车用汽油的一个重要特性。如果挥发性过大，一方面在高温运转时会形成太多的油蒸汽，使发动机功率损失，运转不稳或停机，称之为"气阻"。另一方面会使蒸发损失增加，导致挥发性有机化合物（VOC）和烃类（HC）污染大气环境。如果挥发性过小，会使燃料蒸发不充分而造成发动机冷起动困难。

汽油的馏程曲线（D86曲线）与发动机的起动性能、瞬态工况和加油时的蒸发排放关系极大。

挥发性过大的汽油常常导致气障,甚至短暂的停车后,会发生驾驶员所称的惰转粗暴性,回火后汽车行驶加速度明显下降,以及循环功率的脉动等问题。采用燃油系统闭环控制(用 O2 传感器反馈控制),可以减轻以上缺陷,然而,在暖机时,闭环控制不起作用,与开环控制一样,主要靠合理匹配进入空气温度和 D86 曲线。

另一种判断汽油挥发性的方法是使用雷特蒸气压力(Reid Vapor Pressure)或气液容积比;雷特蒸气压力是将汽油放在一密封容器内,上面有四倍于液体容积的大气容积,在温度为 37.8℃时测出的油蒸气压力。

由于挥发性直接影响环保要求,因此一些国家对此要求十分严格,如美国 ASTM D 4814 标准将蒸气压和蒸馏特性划分为 6 类;美国各州 12 月具有(其中 9 月份为上半月和下半月两部分)不同的挥发性要求;对臭氧非达标区的个别城市及蒸汽压还有更严的规定,可见环保对挥发性要求之严。

3) 安定性

汽油安定性一般通过实际胶质和诱导期表示。

实际胶质是在规定条件下测定燃料蒸发后和通过正庚烷清洗后的残余物量。正庚烷可除去可能加入燃料的添加剂和不挥发油等溶解于正庚烷的物质。过量胶质会造成发动机进气歧管阻塞,减少此部位的截面积,因输油量不足造成发动机功率下降,油耗上升。另外也会造成进气阀的沉积阻塞,胶质碳化后严重时使进气门关闭不严,导致发动机动力经济性下降。胶质过大也会使发动机气缸、活塞顶部、活塞环槽和火花塞等部位积炭增加,引起早燃或功率下降。

诱导期作为燃料储存时对抵抗胶质形成的一种指示。但是诱导期与燃料储存时形成胶质的相关性在不同储存条件下和对不同燃料有显著差异。

世界各国对实际胶质的要求基本一致。我国对诱导期要求较严,这与我国燃油储存期相对较长有关。为满足诱导期的要求,一般均加入抗氧化剂。我国 1997 年汽油抗氧化剂总消耗就接近 800 t,其中 90 号汽油消耗最多,占总量的 60% 以上,这与 90 号汽油的催化裂化生产工艺有关。

4) 腐蚀性

汽油腐蚀性一般通过硫含量和铜片腐蚀表示。在我国车用无铅汽油标准中还规定硫醇硫(硫醇硫就是硫醇中的硫原子,把醇羟基里面的氧换为硫,这样的基团叫硫醇,里面的硫叫硫醇硫)和水溶性酸碱等项目。

硫含量是汽油中与腐蚀和环保有关的重要项目。所有硫化物将燃烧后生成的 SO_2 和 SO_3 排放至大气中污染环境,并且在与生成水相遇后会产生具有腐蚀性的酸性物质,腐蚀发动机及曲轴箱部件。近年,随着环保要求的严格和汽车工业的发展,汽油汽车上普遍安装了电子喷射及尾气催化转化器。它们会提高发动机效率并大大降低排放污染。但是硫会导致催化转化器的催化剂对有毒排放物转化效率降低,并可导致高温尾气氧传感器灵敏度下降而使排放增加。最新研究表明,随着硫含量的下降,排放污染物均有所降低。

另外,硫含量还影响现代汽油发动机汽车现场排放诊断的准确性,导致车辆行驶后期因诊断错误而引起排放增加。总之，硫含量是现代汽车对汽油的重要指标。世界各国汽油标准中硫含量均呈下降趋势。

5）清洁性

汽油的清洁性用汽油中含有机械杂质和水分的多少表示。

汽油在生产、运输、灌注、储存和使用过程中，受到机械杂质（锈、灰尘、各种氧化物等）和水分的污染；机械杂质会使化油器量孔、喷嘴、汽油喷射系统的喷油器和汽油滤清器堵塞。机械杂质进入燃烧室，又会使燃烧室积碳增多，引起汽缸壁、活塞和活塞环的加速磨损。水分在低温下易结冰，会堵塞油路，并能加速汽油的氧化，加速腐蚀作用，所以车用汽油应严格控制机械杂质和水分的混入。

（2）车用汽油牌号及规格的选用

1）车用汽油低铅和无铅化

作为主要抗爆剂的四乙基铅燃烧后排放到大气中，有85%以上会直接污染环境，有害人类健康。它的危害是损伤人体的神经系统，可导致高血压引起的心血管疾病。由于汽车排放含铅烟雾密度大于空气，在地面1 m左右浓度最大，因此对儿童危害最大，因为他们对铅的吸收量大大高于成人。医学研究表明，儿童血液中铅含量每增加10μg/100 mL，智力发育就会下降7%，达到60μg/100 mL时，就会发生由于智力障碍而引起的行为异常。因此降低汽油中铅含量，实现汽油无铅化是直接关系到人类健康的大事。

另外，为了减少汽油燃烧排放对大气的污染，在汽车上一般装有尾气催化转化器，汽油中铅在燃烧后会使催化器中的催化剂中毒而使转化器失效。因此，装备催化转化器的汽车必须使用无铅汽油。

2）国外车用无铅汽油标准现状及发展趋势

车用汽油质量的提高是随着发动机设计改进和环保对排放要求的严格及炼油工艺的进步而提高。从国外发展的历程来看，一般经历了三个阶段：

● 高标号化——提高汽油的辛烷值。
● 低铅或无铅化——减少汽油含铅量，并逐步使用无铅汽油。
● 组分优质化——控制汽油的组成（如限制汽油中苯和总芳烃含量、稀烃含量、硫含量和氧含量）和挥发性（馏程和蒸汽压）。

3) 我国车用无铅汽油标准现状及发展趋势

我国车用汽油标准有三个：SH 0112—92《汽油》、GB 484—93《车用汽油》和 SH 0041—93《无铅车用汽油》标准。其中 SH 0112—92 是 70 号含铅车用汽油标准，GB 484—93 是 90 号及其以上含铅车用汽油标准。这些标准的对比情况如图 3-1 所示。根据国务院颁发（1998）的 129 号文件的要求，我国于 2000 年 1 月 1 日起在全国范围内停止生产含铅汽油，2000 年 7 月 1 日起在全国范围内停止销售和使用车用含铅汽油。至此，SH 0112—92 和 GB 484—93 两个标准废止，同时在行业标准 SH 0041—93 的基础上，制定了新的无铅汽油国家标准，这便是目前实施的 GB 17930—1999《车用无铅汽油》。2004 年，北京在 GB 17930—1999 和欧盟标准 EN 228—1999（优级品）的基础上制订了北京市地方标准 DB 11/238—2004《车用汽油》，从而形成了目前在北京地区执行 DB 11/238—2004 而在全国其他地方采用 GB 17930—1999 的局面。

项目	70号汽油(MON)	含铅汽油（RON）			无铅汽油（RON）		
		90	93	97	90	93	95
中国标准	SH 0112-92	GB 484-93			SH 0041-93		
抗敲缸性，不小于 ROM MON	70 85	90 89	93 92	97	90 85	93 88	95 90
抗敲缸指数							
含铅量/(g·L^{-1})，不大于	1.000	0.350		0.450	0.013		
馏程不高于/℃ T_{10}（10%蒸发温度） T_{50}（50%蒸发温度） T_{90}（90%蒸发温度） 终馏点 残馏量/ϕ%	79 145 195 205 1.5	70 120 190 205 2			70 120 190 205 2		
蒸汽压/kPa不大于 冬天（9月1日至2月29日） 夏天（3月1日至8月31日）	80 67	88 74			88 74		
硫含量/w% 不大于	0.15	0.15			0.15		
诱导期/min 不小于	480	480			480		
实际胶质/[mg·(100 mL)$^{-1}$]，不大于	5	5			5		
腐蚀（铜片，50℃，3 h）	合格	1级			2级		
酸度/[mg·(100 mL)$^{-1}$]，不大于	3	3			—		
水溶性酸或碱	无	无			无		
机械杂质及水分	无	无			无		

图 3-1 中国汽油标准

4) 如何正确选用汽油

车用汽油（Ⅳ）按研究法辛烷值分为 90 号、93 号和 97 号 3 个牌号，车用汽油（Ⅴ）、车用汽油（ⅥA）和车用汽油（ⅥB）按研究法辛烷值分为 89 号、92 号、95 号和 98 号 4 个牌号。

国家对车用汽油有严格的标准。它不仅要求汽油有一定的辛烷值（俗称汽油标号），同时对汽油各种化学成分的含量都有严格的规定。如果烯烃的含量过高，汽车不能完全燃烧，则产生一种胶状物质，聚积在进气歧管及气门导管部位。当发动机处于正常工作温度时，无异常现象；而当发动机熄火冷却一段时间后，这些胶质会把气门黏在气门导管内。这时起动发动机，就会发生顶气门现象。

> **注意**
>
> 并不是汽油的标号越高越好,而是根据发动机压缩比合理选择汽油标号。
>
> 汽油机压缩比:发动机混合气体被压缩的程度,用压缩前的气缸总容积与压缩后的气缸容积(即燃烧室容积)之比表示。目前,大部分汽车采用所谓的"往复式发动机",简单地讲,就是在发动机气缸中,有一只活塞周而复始地做着直线往复运动,且一直循环不已,所以在这周而复始又持续不断的工作行程之中有一定的运动行程范围。就发动机某个气缸而言,当活塞的行程到达最低点时,此时的位置点便称为下止点,整个气缸包括燃烧室所形成的容积便是最大行程容积;当活塞反向运动,到达最高点位置时,这个位置点便称为上止点,所形成的容积为整个活塞运动行程容积最小的状况,需计算的压缩比就是这最大行程容积与最小容积的比值。
>
> 那么多大的压缩比应该选用什么标号的汽油呢?通常来说压缩比在7.5~8.0之间的发动机应选用90~93号汽油;压缩比在8.0~8.5之间应选用90~93号汽油;压缩比在8.5~9.0之间应选93~95号汽油;压缩比在9.5~10.0之间应选用95~98号汽油,而这些相关数据在每辆车的说明书上都会很清楚的注明,新车买到手里大家一定要仔细阅读说明书。
>
> 高压缩比的发动机如果选用低标号汽油,会使汽缸温度剧升,汽油燃烧不完全,机器强烈震动,从而使输出功率下降,机件受损。当低压缩比的发动机用高标号油时,就会出现"滞燃"现象。

2. 柴油的使用性能

(1) 柴油的燃烧性能

● 柴油机在压缩终了时,缸内温度可达500℃~600℃,压力达3~4 MPa。这时柴油以高压呈细雾状喷入燃烧室。由于燃烧室的温度已超过柴油和自燃点,故从理论上而言,柴油喷入燃烧室,便具备了着火燃烧的基本条件。但从柴油喷入至自燃,往往还有一定的时间间隔,这是因为在这一时间间隔内,柴油需完成与空气的充分混合、先期氧化及形成局部着火点等物理化学的进一步准备。我们将从喷油开始到柴油开始燃烧的时间间隔称之为着火延迟期。如果着火延迟期长,则喷入燃烧室的柴油量增多,着火前形成的混合气数量就多。一旦着火,就有过量的柴油着火燃烧,会造成缸内压力剧增,气缸内便将产生强烈的震击作用。通常把这种震击作用称为柴油机工作粗暴。柴油机工作粗暴的后果与汽油机爆震一样,会使发动机曲柄连杆机构承受过大的冲击力作用,产生强烈的金属敲击声,加速零件的磨损并且使柴油机起动困难,造成柴油机功率下降,油耗增大。影响着火延迟期的因素较多,其中柴油的发火性是主要因素之一。柴油的发火性是指柴油自燃的能力。发火性好的柴油,着火延迟期短,着火燃烧后缸内压力上升平缓,柴油机工作柔和。

柴油机的工作粗暴与汽油机的爆震在本质上是有很大区别的。汽油机的爆震是由于点火着的火焰前沿还没传播到的那部分混合气生成过氧化物,自行燃烧而致,一般发生在燃烧末期;而柴油机工作粗暴却是柴油的发火性差使着着火延迟期过长而致,一般发生在燃烧的初期。因此,各种影响汽油机爆震与柴油机工作粗暴的因素也完全不同。如汽油机若提高压缩比或增高气缸温度会促发爆震,而柴油机,若提高压缩比或增高气缸温度却能减轻其工作粗暴的倾向。汽油中的正构烷烃易使汽油机发生爆震,而对于柴油而言,所含的正构烷烃却能减轻柴油机工作粗暴。

可见，柴油的发火性，是评价柴油燃烧性能的一个重要指标。

● 柴油的十六烷值。十六烷值是代表柴油在柴油发动机中发火性能的一个约定量值。它是在规定条件下的标准发动机实验中，通过与标准燃料比较获得，采用与被测定燃料具有相同着火延迟期的标准燃料中十六烷的体积百分数表示。

一种烃是正十六烷，在高温条件下可迅速形成过氧化物，着火延迟期最短，即自燃点低，发火性好，规定它的十六烷值为100。另一种烃是a-甲基萘，属于芳烃，它的着火延迟期长，自燃点高，发火性差，规定它的十六烷值为0，将此二种烃按不同的体积比例混合，就可以得到十六烷值从0～100供参比用的标准燃料。

（2）柴油的蒸发性

在既定的燃烧室与喷油设备条件下，柴油的蒸发性决定了混合气形成的速度与质量。因为高速柴油机混合气形成时间极短，所以对柴油的蒸发性有较高要求。柴油蒸发性主要用馏程与闪点评定。

1）馏程

测定柴油馏程的方法与测定汽油馏程的方法大致相同，所不同的是柴油馏程的测定项目有50%、90%和95%馏出温度。柴油的馏程是按GB/T 6536—2010《石油产品常压蒸馏特性测定法》的规定进行的。

50%馏出温度越低说明柴油中的轻质馏分含量越多，柴油机易于起动。但柴油中轻质馏分含量过多，会使喷入气缸的柴油蒸发太快，易引起全部柴油迅速燃烧，造成压力剧增，使得柴油机工作粗暴。90%与95%馏出温度越低，说明柴油中重质馏分含量低，这就使得柴油的燃烧更加充分，不仅可以提高柴油机的动力性，减少机械磨损，避免发动机产生过热现象，而且还可使油耗降低。由上可知，柴油的馏分过轻、过重都是不适宜的。GB 252—2015《普通柴油》规定柴油的50%馏出温度不高于300℃；90%馏出温度不高于355℃；95%馏出温度不高于365℃。当然，不同类型的柴油机对柴油馏分的要求也不同，预燃室式和涡流室式柴油机，可以允许使用馏分较宽、较重的柴油；而直喷式柴油机则只能使用馏分较窄、较轻的柴油。

2）闪点

闪点是石油产品在一定实验条件下加热后，当油料蒸气与周围空气形成的混合气接近火焰时，开始发出闪火时的温度。根据测定仪器的不同，闪点又分为开口闪点与闭口闪点两种。液体燃料多采用闭口闪点，在同样条件下闭口闪点要比开口闪点约低10℃～20℃。柴油的闪点是指其闭口闪点，测定时按GB/T 261—2008《闪点的测定》的规定进行。方法概要：试样在连续搅拌的条件下用很慢的恒定速率加热，在规定的温度间隔，同时中断搅拌的情况下，将一小火焰引入杯内。实验火焰引起试样上的蒸气闪火时的最低温度作为闪点。

柴油的闪点既是控制柴油蒸发性的指标，也是确保柴油安全性的指标。闪点低的柴油，其蒸发性好，但柴油的闪点也不能过低。因为：其一，闪点过低，柴油含轻质馏分过多，使得柴油蒸发性过强，导致气缸内混合气燃烧过猛，气缸压力骤增，致使柴油机工作粗暴。其二，柴油的闪点又是柴油储运及使用中的安全指标。

对柴油闪点的要求随发动机的工作条件和油箱位置的不同而不同。汽车、工程机械等多在露天工作与加油，对闪点要求相对而言不是十分严格。而一些固定式柴油机油箱多在室内，对闪点的要求较严格，不可过低，以确保安全。柴油在使用前如需预热，其加热温度应低于其闪点10℃～20℃。馏程与闪点两个指标相互配合，用以控制柴油轻重馏分适宜，以满足使用要求。GB 252—2015《普通柴油》规定10号、0号、-10号及-20号柴油闪点不低于65℃；-35号、-50号柴油闪点不低于45℃。

（3）柴油的低温流动性

柴油的低温流动性，对于柴油能否可靠地喷入气缸有一定影响。如我国"三北"地区冬季气候严寒，若柴油流动性差，往往造成柴油不能可靠地供往气缸，严重时甚至使车辆无法行驶。评定柴油低温流动性的指标主要有柴油的凝点、浊点与冷滤点。

1）凝点

凝点是指试样在规定温度下冷却至停止移动时的最高温度，以℃表示。柴油的凝点可按GB/T 510—1983《石油产品凝点测定法》的规定进行测定。方法概要：将柴油试样装在规定的试管中，并冷却到预期的温度。将试管倾斜45°，经过1 min，若液面不移动，则记录下此时的冷却温度，这便是柴油的凝点。柴油的凝点直接影响着柴油在各种气候条件下的使用特性。我国轻柴油就是按其凝点的不同来划分牌号的。

2）浊点

浊点是指在规定的条件下，清晰的液体石油产品由于蜡晶体的出现而呈雾状或浑浊时的温度，以℃表示。柴油达到浊点后虽未失去流动性，但在燃料系中易造成油路堵塞，使供油出现故障。

3）冷滤点

随着柴油流动改进剂日益广泛地采用，凝点与浊点之间的距离拉大，也就是说，柴油虽已到达浊点，但仍能有效地通过柴油滤清器滤网，保证正常供油。只有冷到浊点下某一温度时，析出的石蜡足以堵塞滤网造成供油故障时，柴油机才不能正常工作。所以，近年来我国也引进了介于浊点与凝点之间的被称为冷滤点的新指标。在规定的条件下，20 mL试样开始不能通过过滤器时的最高温度，以℃（按1℃的整数表示）表示，称之为冷滤点。冷滤点又称为冷过滤堵塞点，是按SH/T 0428—2008《高温下润滑脂在球轴承中的寿命测定法》的规定进行测定的。方法概要：在规定的条件冷却试样，并在2 kPa压力下抽油，以1℃间隔降温，直至1 min内通过过滤器的试样不足20 mL时为止，此时的温度即为冷滤点。研究表明，柴油的冷滤点与实际使用的最低温度有良好的对应关系，可作为根据气温条件选择柴油的依据。由上可知，凝点与柴油的低温使用性能并无直接对应关系，有直接对应关系的应是柴油的冷滤点。一般情况下，柴油的冷滤点要高于其凝点约4℃～6℃；而添加了降凝剂的柴油的冷滤点则高于其凝点10℃～15℃，最高者可达30℃。

4）改善柴油低温流动性的方法

为了降低柴油的凝点，改善其低温流动性，可采用脱蜡方法，将柴油中的蜡分脱出来，还可以采取掺兑裂化煤油的方法。别外，还可以采用添加降凝剂的办法，常用的降凝剂有烷基萘和乙烯醋酸、乙烯酯共聚物等。前者用量为 0.5%，可降低凝点 6℃～10℃；后者用量为 0.05%～0.10%，可降低凝点 20℃～40℃（均指凝点 0℃的柴油）。降凝剂对于降低柴油凝点效果显著，但对于降低冷滤点的效果并不是很显著。

（4）柴油的安定性

柴油的安定性是指柴油在储存、运输和使用过程中保持其外观颜色、组成和使用性能不变的能力。柴油的安定性主要要求柴油有较好的热安定性与氧化安定性，以保证柴油机能正常工作。柴油安定性的评价指标主要有：实际胶质、10% 蒸余物残炭、催速安定性沉渣、碘值及色号等。柴油安定性的好坏，主要决定于其化学组成。

1）实际胶质

实际胶质是指柴油在规定的实验条件下，油中的烃类经热空气流蒸发、氧化、聚合和缩合所生成的深棕黄色或黑色残留物，以 100 mL 试样中所含实际胶质的毫克数（mg/100 mL）表示。和测定汽油中的实际胶质一样，按 GB/T 509—1988《发动机燃料实际胶质测定法》规定进行，所不同的是柴油是在 250℃条件下进行测定（汽油是在 150℃使用实际胶。质大的柴油，会使燃烧室内易生成大量积炭、胶状沉积物等，附着于活塞顶与气门上，造成气门关闭不严。GB 252—2015《普通柴油》对于柴油合搭品规定其实际胶质应不大于 70 mg/100 mL。

2）10% 蒸余物残炭

在规定条件下，油品在裂解中所形成的残留物，以质量百分数表示，称为残炭，把测定柴油馏程中馏出 90% 以后的蒸余物作为试样，所得残炭称为柴油的 10% 蒸余物残炭。可按 GB/T 268—1987《石油产品残炭测定法（康民法）》的规定进行测定，方法概要：将已称重的试样放在坩埚内进行分解蒸馏。残余物经强烈加热后进行裂化和焦化反应。在规定的加热时间结束后，将盛有炭质残余物的坩埚置于干燥器内冷却并称重，计算残炭值（以原样的质量百分数表示）。柴油的轻质馏分含量越多，精制程度越深，残炭值越小。残炭值大，柴油在燃烧室中生成积炭的倾向就大，喷油器孔也易结焦堵塞，影响柴油机的正常工作。GB 252—2015《普通柴油》规定柴油 10% 蒸余物残炭优级品与一级品不大于 0.3%；合格品中 10 号与 0 号柴油不大于 0.4%；其余牌号不大于 0.3%。

3）催速安定性沉渣

催速安定性沉渣指柴油在规定条件下所形成沉渣的数量，以 mg/100 mL 表示。它主要用以评定柴油储存安定性。实验时可按 SH/T0238—1992《柴油贮存安定性测定法》的规定进行，方法概要：将 700 mL 试样注入试验烧瓶，置入恒温油溶，在 100℃条件下，经 16 h（50℃时为 4 周）

加速储存后，用玻璃纤维纸过滤试样，测量其沉渣量及透光率，拟判定柴油储存安定性之优劣。GB 252—2015《普通柴油》规定，一级品柴油的催速安定性沉渣不大于 2 mg/100 mL。

4）碘值

柴油炼制过程中，直馏柴油由于烯烃等不饱和烃含量少，所以安定性好，但直馏柴油产率低，需调入催化、裂化等二次加工馏分进行调合。二次加工馏分中含有较多的烯烃等不饱和烃，使得柴油安定性变差，故柴油在调合后要测不饱和烃的含量。测定时按 SH/T 0234—1992《轻质石油产品碘值和不饱和烃含量测定法》的规定进行，测出碘值，再根据计算得出试样中不饱和烃的含量。方法概要：以碘的乙醇溶液与试样产生作用并且用硫代硫酸钠溶液滴定剩余的碘，以试样所能吸收碘的克数表示碘值。再根据碘值和平均分子量计算出试样中不饱和烃含有量。GB 252—2015《普通柴油》中规定优级品柴油碘值应不大于 6 gI（碘）/100 g，以此来控制柴油不饱和烃的含量。

5）色号

柴油颜色的深浅可直观地反映其馏分的轻重，颜色深浅可用色号表示。颜色可按 GB/T 6540—1986《石油产品颜色测定法》的规定进行测定，方法概要：将试样注入试样容器，用一个标准光源照射，将试样的颜色与标准比色板（颜色玻璃圆片）进行比较以相等的色号作为该试样的色号，颜色由浅入深，标准色板从 0.5～0.8 共 16 个值（如果试样颜色找不到确切匹配的颜色而落在两个标准颜色之间，则报告两个颜色中较高的一个颜色）。GB 252—2015《普通柴油》规定柴油的色号（优级品、一级品）不深于 3.50。控制柴油的色号，主要是控制柴油重质馏分，控制其残炭与沉渣，从而使得柴油的热安定性满足要求。

（5）柴油的防腐性

柴油的防腐性可用硫含量、硫醇硫含量、水分、酸度、铜片腐蚀、水溶性酸或碱等指标来评定。

●硫与硫醇硫含量 柴油中的含硫及硫的衍生物情况与汽油中相同，在柴油机气缸中燃烧后生成硫的氧化物，将对柴油机组件产生腐蚀，而且还会对气缸壁上的润滑油和尚未燃烧的柴油起催化作用。烃类的聚合反应，使燃烧室、活塞顶和排气门等部位的胶状物与积炭增加。在有硫存在的条件下，积炭层会更加坚硬，不仅加剧机件磨损而且清除困难。当气态硫的氧化物由气缸窜入曲轴箱时，遇水分将生成亚硫酸与硫酸，会强烈腐蚀机件，同时也会加速润滑油老化变质。所以，对于柴油中的硫与硫醇硫含量应严格限制。硫含量可依据 GB/T 380—1977《石油产品硫含量测定法（燃灯法）》进行测定，方法与汽油中测硫含量相同。对于硫醇硫可依据 GB/T 1792—2015《汽油、煤油、喷气、燃油和馏分燃料中硫醇硫的测定　电位滴定法》规定进行。GB 252—2015《普通柴油》规定：优级品柴油硫含量不大于0.2%；一级品柴油硫含量不大于0.5%；合格品硫含量不大于1.0%。优级品与一级品柴油的硫醇硫含量不大于0.01%。

●柴油的酸度、水分、铜片腐蚀及水溶性酸碱等是柴油的防腐性指标。其意义及试验方法与汽油的大致相同，所不同的是柴油机有供油系统，柴油防腐性的各项指标将对喷油泵的工作产生影响。

（6）柴油的清洁性

柴油的清洁性可用灰分、水分和机械杂质等项指标进行评定。

1）灰分

灰分是指在规定条件下，油品被炭化后的残留物经煅烧所得的无机物，以质量百分数表示。灰分是油中不能燃烧的粒状矿物质，非常坚硬，是磨料磨损中的磨料，且对金属有侵蚀作用，是造成气缸壁与活塞环磨损的重要原因。柴油的灰分测定按 GB/T508—1985《石油产品灰分测定法》的规定执行。GB 252—2015《普通柴油》中规定：优级品与一级品柴油，其灰分不大于 0.01%；合格品灰分不大于 0.02%。

2）水分

柴油中存在的水分，将降低柴油燃烧时的发热量，在冬季还易于堵塞油路，溶解可溶性盐类，使柴油灰分增大，并增加硫化物对金属零件的腐蚀作用。所以，GB 252—2015《普通柴油》对柴油中水分做出严格规定。柴油中水分的测定按 GB 252—2015《普通柴油》注①或 GB/T260—1977《石油产品水分测定法》执行。

3）机械杂质

柴油机的燃料供给系统中有许多精密配合的零件，如柴油中存有机械杂质，除可能造成油路堵塞外，还可能加剧上述精密零件的磨损。严重时，甚至造成供油系统故障。因此，GB 252—2015《普通柴油》中规定柴油中不允许机械杂质存在。柴油中机械杂质的测定按 GB 252—2015《普通柴油》注①或 GB/T511—2010《石油和石油产品及添加剂机械杂质测定法》的规定执行。

（7）柴油的选择与使用

对于全负荷转速高于 960 r/min 的柴油机，选用轻柴油。预燃室式与涡流室式柴油机可选用馏分较宽、较重（150℃～400℃）的柴油；而直喷式柴油机必须使用馏分较窄、较轻（200℃～360℃）的柴油。当然，选择柴油时，最重要的考虑因素还是柴油机使用时的环境温度。如表 3-1、表 3-2 所示。

表 3-1 轻柴油选用

轻柴油牌号	适用于地区、季节的最低气温
10 号	适用于有预热设备的高速柴油机上
0 号	适用于风险率为 10% 的最低气温在 4℃ 以上的地区
−10 号	适用于风险率为 10% 的最低气温在 −5℃ 以上的地区
−20 号	适用于风险率为 10% 的最低气温在 −5℃～−14℃ 以上的地区
−35 号	适用于风险率为 10% 的最低气温在 −14℃～−29℃ 以上的地区
−50 号	适用于风险率为 10% 的最低气温在 −29℃～−44℃ 以上的地区

表 3-2 重柴油选用

重柴油牌号	选用原则
10 号	适用于 500～1 000 r/min 的中速柴油机
20 号	适用于 300～700 r/min 的中速柴油机
30 号	适用于 300 r/min 的低速柴油机

1） 根据当地月风险率为 10% 的最低气温选择柴油牌号

柴油的冷滤点与实际操作使用温度之间有着直接的对应关系，故选择柴油时，应据柴油的冷滤点，对照当地风险率为 10% 的最低气温选择柴油牌号。一般可参照以下原则进行选用。

- 10 号柴油适合于有预热设备的高速柴油机。
- 0 号柴油适合于风险率为 10% 的最低气温在 4℃以上的地区。
- −10 号柴油适合于风险率为 10% 的最低气温在 −5℃以上的地区。
- −20 号柴油适合于风险率为 10% 的最低气温在 −5℃～−14℃的地区。
- −35 号柴油适合于风险率为 10% 的最低气温在 −14℃～−29℃的地区。
- −50 号柴油适合于风险率为 10% 的最低气温在 −29℃～−44℃的地区。

2） 柴油使用注意事项

- 由于不同牌号的柴油可掺兑使用，因此不需进行专门换季换油。凝点较高的柴油中可掺入裂化煤油（10%～40%），以降低其凝点，如在 0 号柴油中掺入 40% 的裂化煤油，可获得 −10 号柴油。
- 柴油中不能掺入汽油，柴油中掺入汽油后，发火性能将显著变差，导致起动困难甚至不能起动。为改善柴油机低温起动性的起动燃料不能直接加注于柴油箱中，以免引起气阻甚至火灾。
- 柴油加入油箱前，一定要充分沉淀（不少于 48 h），仔细过滤，以除去杂质，切实保证净化，以保证柴油机燃料供给系统的精密零件不出故障与延长其使用寿命。
- 冬季使用桶装高凝点柴油时，不得用明火加热，以免爆炸。

3. 发动机润滑油

发动机润滑油简称"机油"，是保证发动机正常运行的重要材料，具有润滑、冷却、密封、清洗、防腐、降噪、减磨等功能，如图 3-2 所示。

经济型汽车该如何选用合适的机油？

图 3-2 发动机润滑油

（1）发动机润滑油的使用性能

发动机润滑油的工作条件很恶劣，因此对其使用性能也有很高的要求，具体来说有以下一些要求。

1）润滑性

在各种条件下，发动机油降低摩擦、减缓磨损和防止金属烧结的能力，叫作发动机油的润滑性。发动机油应具有良好的润滑性。

机油通过吸附在零件的表面形成一定强度的油膜来减少摩擦面相对运动的阻力和防止摩擦面金属靠近。黏度大的机油其油膜强度较好，因此润滑油的黏度性能和化学性质对发动机零件在不同润滑状态的润滑作用有重要影响。

黏度是评定润滑性的重要指标。

2）低温操作性

发动机润滑油能够保证发动机在低温条件下容易起动和可靠供油的性能，叫作发动机油的低温操作性。发动机油应具有良好的低温操作性。

机油黏度随气温降低而增加，使得发动机低温起动时转动曲轴的阻力矩增加，曲轴转速下降，从而造成发动机起动困难。

发动机润滑油低温操作性的评定指标主要有低温动力黏度、边界泵送温度和倾点等。

3）黏温性

温度对油品黏度的影响很大，温度升高，黏度降低；温度降低，黏度升高。润滑油的这种由于温度升降而改变黏度的性质称为黏温性。发动机油应具有良好的黏温性，即黏度随温度的变化程度要小。

黏温性的评定指标是黏度指数。

4）清净分散性

发动机润滑油能抑制积炭、漆膜和油泥生成或将这些沉积物清除的性能，叫作发动机油的清净分散性。发动机润滑油应具有良好的清净分散性。

清净分散性良好的机油能使各种沉积物悬浮在油中，通过机油滤清器将其滤出，从而减少发动机气缸壁、活塞及活塞环等部件上的沉积物，防止出现由于机件过热烧坏活塞环，引起气缸密封不严，发动机功率下降、油耗增加等异常情况。

5）抗氧性

发动机油与氧相互反应生成氧化产物的过程叫作发动机油氧化。发动机油抵抗氧化的能力叫作发动机油抗氧性。发动机油应具有良好的抗氧性。

机油在使用和储备过程中，一旦与空气接触，在条件适当情况下，会发生化学反应，产生诸如酸类、胶质等氧化物。氧化物聚集在机油中会使其颜色变暗、黏度增加、酸性增大。机油抗氧性不好，在使用中容易变质、生成沉积物，对零件造成腐蚀和破坏。

6）抗腐蚀性

发动机油抵抗腐蚀性物质对金属腐蚀的能力叫作发动机油的抗腐蚀性。

发动机油抗腐蚀性的评定指标是中和值，同时通过相应的发动机实验评定。

7）抗泡性

发动机油消除泡沫的性质叫作发动机油的抗泡性。

当发动机油受到激烈搅动，将空气混入油中时，就会产生泡沫。泡沫如果不及时消除，会产生气阻、供油不足等故障。因此，要求发动机油要有良好的抗泡性，在出现泡沫后能及时消除，以保证正常工作。

发动机油抗泡性的评定指标是泡沫性。

（2）发动机润滑油的主要性能指标

发动机润滑油的主要性能指标有如下几个。

1）低温动力黏度

低温动力黏度也称为表观黏度。机油的黏度在低温条件下与剪切速率有关。低温条件下，机油的低温动力黏度随剪切速率升高而减小。低温动力黏度是划分冬季发动机润滑油黏度级号的依据之一。

2）边界泵送温度

能将机油连续地、充分地供给发动机油泵入口的最低温度叫作边界泵送温度。它是衡量在起动阶段发动机油是否易于流到机油泵入口并提供足够压力的性能。边界泵送温度也是划分冬用发动机润滑油黏度级号的依据之一。

3）倾点

机油在规定条件下冷却时，能够流动的最低温度，叫作机油的倾点。发动机润滑油规格均采用倾点作为评定机油低温操作性的指标之一。

4）黏度指数

将实验油的黏温性与标准油的黏温性进行比较所得出的相对数值，叫作黏度指数。黏度指数越高，黏温特性越好。

5）中和值

中和1 g试油中含有的酸性或碱性成分所需的碱量，叫作中和值。

6）残炭

油品在实验条件下，受热蒸发和燃烧后残余的炭渣，叫作残炭。根据残炭量的大小，可以大致判断机油在发动机中结炭的倾向。

7）泡沫性

泡沫性指油品生成泡沫的倾向和生成泡沫的稳定性能。泡沫性的表示与其测定方法有关，泡沫性测定方法是：在1 000 mL量筒中注入实验油190 mL，以944±5 mL/min的流量用特制的气体扩散头将空气通入试油，经过5 min后，记下量筒中泡沫的体积，即为泡沫倾向；量筒静止5 min后，再记下泡沫体积，即为泡沫稳定性。泡沫性用分数形式表示，分子是泡沫倾向，分母是泡沫稳定性。

（3）发动机润滑油的分类、规格和牌号

发动机润滑油的分类，包括使用性能分类和黏度分类两个方面。

发动机润滑油的使用性能分类，是根据发动机润滑油在发动机台架实验中所得到的润滑性、清净分散性、抗氧抗腐性等确定其等级。目前发动机润滑油使用性能分类方法很多，有美国石油学会（API）分类法、国际润滑油标准化和认可委员会（ILSAC）分类法、欧共体市场车辆制造委员会（CCMC）分类法、欧洲汽车制造商协会（ACEA）分类法、日本汽车标准组织（JASO）的发动机润滑油使用性能分类法。

世界上黏度分类则广泛采用美国汽车工程师学会（SAE）的发动机润滑油黏度分类法。

我国发动机润滑油采用API性能分类法和SAE黏度分类法。

1）API性能分类

API性能分类是根据产品特性、使用场合和使用对象确定的。机油牌号中第一个字母S表示汽油机油；C表示柴油机油，并根据使用特性和使用场合分别设有若干个等级，如：SC、SD、SE、CC、CD、CE等，具体分类如表3-3所示。

表3-3 发动机润滑油 API 性能分级法

API 级	特性和使用场合
SC	具有较好的清净性、分散性、抗氧化性、抗腐蚀和防锈性。用于中等条件下工作的载货汽车、客车和其他车辆
SD	性能比 SC 级更高的机油,用于较苛刻条件下工作的载货汽车、客车和某些型号的轿车。也可代替 SC 级油使用,可满足装有曲轴箱强制通风装置的汽油机要求
SE	性能比 SD 级更高的机油,用于苛刻条件下工作的轿车和某些载货汽车,可满足装有曲轴箱强制通风装置和催化转化器的汽油机要求
SF	抗氧化和抗磨损性能比 SE 级油更高的机油,用于更苛刻条件下工作的轿车和某些载货汽车
SG	用于轿车和某些货车的汽油机以及要求使用 API SG 级油的汽油机。SG 质量还可满足 CC 或 CD 的使用要求。此种油品改进了 SF 级油控制发动机沉积物、磨损和油品的氧化性能,并具有抗锈蚀和腐蚀的性能,可代替 SF、SF/CD、SE 或 SE/CC
SH	用于轿车和轻型货车的汽油机以及要求使用 API SH 级油的汽油机。SH 质量在汽油机磨损、锈蚀、腐蚀及沉积物的控制和油的氧化方面优于 SG,并可代替 SG
CC	具有防止高温沉积物、防锈和抗腐蚀的性能。适用于中等负荷条件下工作的低增压柴油机和工作条件苛刻(或热负荷高)的非增压的高速柴油机
CD	具有良好的抗磨损、抗腐蚀和防止高温沉积物的性质。适用于高速高负荷条件下工作的增压柴油机
CD-Ⅱ	用于要求高效控制磨损和沉积物的重负荷二冲程柴油机以及要求使用 API CD-Ⅱ级油的柴油机,同时也满足 CD 级油性能要求
CE	用于在低速高负荷和高速高负荷条件下运行的低增压和增压式重负荷柴油机以及要求使用 API CE 级油的柴油机,同时也满足 CD 级油性能要求
CF-4	用于高速四冲程柴油机以及要求使用 API CF-4 级油的柴油机。在油耗和活塞沉积物控制方面性能优于 CE 并可代替 CE,此种油品特别适用于高速公路行驶的重负荷货车

2) SAE 黏度分类

按 SAE 黏度分类,冬季用发动机润滑油包括 0W、5W、10W、15W、20W 和 25W 六个黏度等级;春、秋及夏季用发动机润滑油包括 20、30、40、50 和 60 五个黏度等级。一个完整的发动机润滑油牌号应当标明机油的质量等级和黏度等级,例如:SF 10W/30、CD 15W/40 等。

该分类标准采用含字母 W(冬季用油,W-winter)和不含字母 W 两组黏度等级系列,前者黏度等级号以最大低温黏度、最高边界泵送温度以及 100℃时的最小运动黏度划分,后者仅以 100℃时运动黏度划分,具体如表 3-4 所示。

黏度牌号有单级油和多级油之分。发动机润滑油的低温性能指标和 100℃运动黏度仅满足冬用润滑油或夏用润滑油黏度分级之一都称为单级油;如果它的低温性能指标和 100℃运动黏度能同时满足冬、夏两种黏度分级要求,则称为多级油。

在单级冬季油中,符号 W 前的数字越小,说明其低温黏度越小,低温流动性越好,适用的最低气温越低。在单级夏季油中,数字越大,其黏度越大,适用的最高气温越高。对多级油来讲,其代表冬季油部分的数字越小,代表夏季油部分的数字越大,说明其黏温特性越好、适用的气温范围越大,如 5W/50。

表 3-4 发动机润滑油 SAE 黏度分级法

SAE 黏度等级	最大低温黏度		最高边界泵送温度 /℃	最大稳定倾点 /℃	100℃运动黏度 / (mm²·s⁻¹)	
	MPa·S	℃			最小	最大
0W	3 250	−30	−35		3.8	
5W	3 500	−25	−30	−35	3.8	
10W	3 500	−20	−25	−30	4.1	
15W	3 500	−15	−20		5.6	
20W	4 500	−10	−15		5.6	
25W	6 000	−5	−10		9.3	
20					5.6	< 9.3
30					9.3	< 12.5
40					12.5	< 16.3
50					16.3	< 21.9
60					21.9	< 26.1

（4）发动机润滑油使用注意事项

发动机润滑油的选择应兼顾使用性能级别选择和黏度级别选择两个方面。

1）汽油机润滑油的选择

汽油机润滑油主要依据发动机的结构特点、使用条件、气候条件等选择润滑油的质量等级和黏度级别。

根据发动机的结构性能和使用条件选择相应的润滑油质量等级，再根据使用地区的气温选择润滑油黏度级别。有汽车使用说明书的用户，依据说明书要求选取；无使用说明书时，汽油车可以按照发动机设计年代、发动机的压缩比、曲轴箱是否安装正压通风装置（PCV）、是否安装废气循环装置（ECR）和催化转化器等因素选取润滑油。

一般情况下，发动机装有 PCV 阀时，可选用 SD 级以上的汽油机润滑油；安装了 EGR 可选用 SE 级润滑油；发动机装有催化转化器，可选用 SF 级润滑油。例如，新奥迪 A6L 轿车发动机润滑油必须使用 API 标号 SM 级，如图 3-3 所示，不可使用低级别的机油，也不可混合使用不同牌号的机油。

选择汽油机润滑油的黏度主要是根据发动机工作的环境温度。一般以汽车使用地区的年最高、最低气温选择润滑油的黏度等级。如我国北方温度不低于 −15℃的地区，冬季用 SAE 20；夏季用 SAE 30 或全年通用 SAE 20W/30；低于 −45℃的地区，全年通用 SAE 45W/30 或 SAE 10W/30；严寒地区用 SAE 5W/20；南方最低气温高于 −5℃的地区全年通用 SAE 30，广东、广西、海南可用 SAE 40。表 3-5 列出了发动机润滑油黏度等级与使用环境温度范围的参考值。

图 3-3 奥迪所用 SM 5W/40 发动机润滑油

表 3-5 发动机润滑油黏度等级与使用环境温度范围

黏度等级	使用温度 /℃	黏度等级	使用温度 /℃
5 W	−30 ~ −10	5 W/30	−30 ~ 30
10 W	−25 ~ −5	5 W/40	−30 ~ 40
20 W	−10 ~ 30	10 W/40	−25 ~ 40
30 W	0 ~ 30	15 W/40	−20 ~ 40
40 W	10 ~ 50	20 W/40	−15 ~ 40

2) 柴油机润滑油的选择

同样依据汽车使用说明书，在没有使用说明书时，也可根据柴油机的强化系数确定柴油机润滑油的质量等级，然后根据汽车使用地区的气候确定润滑油的黏度级别。

柴油机强化系数代表其热负荷和机械负荷，强化系数越大，表明发动机的热负荷和机械负荷越高，而且对油品的质量要求也越高。柴油机的强化系数用 K 表示，计算公式为：

$$K = P_{me} C_m Z$$

式中，P_{me}——气缸平均有效压力，MPa；

C_m——活塞平均速度，m/s；

Z——冲程系数（四冲程取 0.5）。

而

$$P_{me} = \frac{30 P_e Z}{V n}$$

式中，P_e——发动机有效功率，kw；

V——发动机排量，L；

n——发动机转速，r/min。

$$C_m = \frac{S_{en}}{30}$$

式中，S——活塞行程，m。

强化系数在 30 ~ 50 的柴油机，选 CC 级柴油润滑油；强化系数大于 50 时，选择 CD 级柴油润滑油。

选好润滑油的质量等级后，还应根据汽车实际工作条件的苛刻程度，适当升降润滑油的质量等级。工作条件缓和时可降低一级质量；反之，可升高一级质量，在无级别可提高时，应缩短换油周期。

柴油机润滑油黏度选择原则与汽油机润滑油相同，考虑到柴油机工作压力比汽油机大但转速又较汽油机低的特点，选择黏度时应选择黏度略比汽油机高一些的柴油润滑油。

3) 发动机润滑油的使用

选择了合适的润滑油质量等级和黏度级别后，还要注意正确的使用方法，如果使用不恰当，同样会造成发动机磨损加剧，甚至出现拉缸、烧轴瓦的故障，因此，使用机油时应注意以下几点。

● 选用润滑油时最好选汽车生产厂家指定的品牌，比如新奥迪 A6L 轿车所用润滑油级别是 SM 5W/40，宝马轿车所用润滑油级别是 SM 5W/50。这些均是目前国产最高品质的润滑油，当然价格也较高，如奥迪专用润滑油 400 元 /4 L，而宝马轿车的机油更贵，400 元 /L。

● 级别低的润滑油不能用于高性能发动机，以防润滑不足，造成磨损加剧；级别高的润滑油可以用于稍低性能的发动机，但不可降档太多。

● 在保证润滑的条件下，优选黏度低的润滑油，可以减少机件的摩擦损失，提高功率，降低燃料消耗，如果发现所用润滑油黏度太高，切不可自行稀释。正确的方法是：放掉发动机内所有润滑油（包括滤清器内的润滑油），换用黏度适当的润滑油。

● 保持正常油位，常检查，勤加油。正常油位应位于油尺的满刻度标志和1/2刻度标志之间，不可过多或过少。

● 不同牌号的润滑油不可混用，同一牌号不同生产厂家的润滑油也尽量不要混用。

● 注意识别伪劣润滑油，不要迷信国外品牌润滑油，选取润滑油时，切勿一味相信广告和维修人员推荐。应检查是否经权威检测单位检测，问清检测结果。买油时到信誉好的大中型汽配商店选购。

● 定期更换润滑油并及时更换润滑油滤芯，换油时一定要在热车时进行。油温高不仅容易从放油孔流出而且油中的杂质可随旧油一起排出，加入新油后应着车数分钟、停机 30 min 后，再检查油面。

4. 车辆齿轮油

车辆齿轮油是指汽车驱动桥、变速器、转向器等齿轮传动机构用的润滑油（见图3-4）。齿轮油的作用为：降低齿轮及其他运动部件的磨损，延长使用寿命；降低摩擦，减小功率损失；分散热量，起冷却作用；防止腐蚀和生锈；降低工作噪声，减小振动及齿轮间的冲击；冲洗污物，特别是冲去齿面间污物，减轻磨损。

图3-4 车辆齿轮油

齿轮油的使用性能应满足如下要求。

1) 良好的润滑性及极压抗磨性

润滑性指齿轮油能有效地使润滑油膜吸附于运动着的润滑表面的能力；抗磨性则指齿轮油保持运动部件润滑表面油膜的能力。有些齿轮经常在苛刻的极压润滑条件下工作，所承受的压力高达 2.5～4.0 GPa，滑动速度和局部温度也很高，润滑油膜容易破裂，造成齿轮严重磨损，因此要求在齿轮油中加入极压添加剂，以有效防止在高负荷条件下的齿面擦伤及咬合。

2) 适宜的黏度和良好的黏温特性

黏度也是齿轮油的重要使用性能之一，对油膜形成的影响很大。一般而言，高黏度齿轮油可有效防止齿轮及轴承损伤,减小机械运转噪声并减少漏油;低黏度齿轮油在提高机械效率、加强冷却和清洗作用等方面有明显优点。各种润滑油的黏度均随温度升高而下降,下降幅度越小,润滑油的黏温特性越好。汽车齿轮油的工作温度变化范围很大,因此具有良好的黏温特性。

3) 良好的低温流动性

齿轮油在低温下应能保持必要的流动性,若齿轮油在低温下有蜡析出,黏度急剧上升,则不能确保有效的润滑。为使齿轮油能适应冬季低温条件下的使用要求,齿轮油中应加入倾点降低剂,以改善其低温流动性。

4) 良好的热氧化安定性和防锈防腐蚀性

热氧化安定性指润滑油在空气、水分、金属的催化作用和热的作用下抵抗氧化变质的能力;防锈性指保护齿轮不受锈蚀,保证齿轮的使用性能和延长齿轮使用寿命的能力;防腐性指在金属表面形成保护膜,以防止腐蚀性物质侵蚀金属的能力。

5) 良好的抗泡性

齿轮油应具有良好的抗泡性,以保证在齿轮剧烈搅拌过程中产生的泡沫少并易于消失。

(1) 齿轮油的分类

1) 国产齿轮油的分类

根据 GB/T 7631.7—1995《润滑剂和有关产品(L类)的分类第7部分:C组(齿轮)》的规定,车辆齿轮油属L类(润滑剂及有关产品)中的C组,其命名方法如图3-5所示。

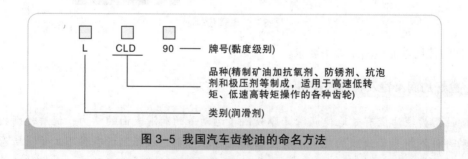

图3-5 我国汽车齿轮油的命名方法

我国根据 GB/T 7631.7—1995《润滑剂和有关产品(L类)》的分类原则,把车辆齿轮油相应分为普通车辆齿轮油、中负荷车辆齿轮油、重负荷车辆齿轮油三类,分别相当于API中的GL-3、GL-4、GL-5,如表3-6所示。

表 3-5 我国车辆齿轮油质量分类（GB/T 7631.7—1995）

名　称	代　号	组成、特性和使用说明	使用部位
普通车辆齿轮油	CLC	精制矿油加抗氧剂、防锈剂、抗泡剂和少量极压剂等制成。适用于中等速度和负荷比较苛刻的手动变速器和螺旋锥齿轮的驱动桥	手动变速器、螺旋锥齿轮的驱动桥
中负荷车辆齿轮油	CLD	精制矿油加抗氧剂、防锈剂、抗泡剂和极压剂等制成。适用于在低速高扭矩、高速低扭矩下操作的各种齿轮，特别是客车和其他各种车辆用的准双曲面齿轮	手动变速器、螺旋锥齿轮和使用条件不太苛刻的准双曲面齿轮的驱动桥
重负荷车辆齿轮油	CLE	精制矿油加抗氧剂、防锈剂、抗泡剂和极压剂等制成。适用于在高速冲击负荷、高速低扭矩和低速高扭矩下操作的各种齿轮，特别是客车和其他各种车辆用的准双曲面齿轮	操作条件缓和或苛刻的准双曲面齿轮及其他各种齿轮的驱动桥，也可用于手动变速器

参照 SAE 黏度分类，我国车辆齿轮油按黏度为 150 Pa·S 时的最高温度和 100℃时的运动黏度划分为 7 个黏度牌号（见表 3-6），其中包括 4 个低温黏度牌号（冬季用油）和 3 个高温黏度牌号（春、夏、秋季用油）。既满足冬季用油要求又符合春、夏、秋季用油要求的润滑油，称为多级油，常用的有 80W/90、85W/90 等。

表 3-6 SAE 车辆齿轮油黏度分类

SAE 黏度级号	黏度达到 150 Pa·s 时的最高温度 /℃	100℃时的运动黏度 / ($mm^2·s^{-1}$)	
		最低	最高
70W	−55	4.1	—
75W	−40	4.1	—
80W	−26	7.0	—
85W	−12	11.0	—
90	—	13.5	24.0
140	—	24.0	41.0
250	—	41.0	—

2）国外车辆齿轮油的分类

国外广泛采用 API（美国石油学会）使用性能分类法和 SAE 黏度分类法。按齿轮油承载能力和使用场合不同，API 齿轮油使用性能共有 6 个级别，如表 3-7 所示。

表 3-7 车辆齿轮油 API 使用性能分类

分　类	使用说明	用　途
GL-1	低齿面压力、低滑动速度下的汽车螺旋锥齿轮的驱动桥以及各种手动变速器规定用 GL-1 级齿轮油。直馏矿油能满足这类情况的要求，可加入抗氧剂、防锈剂和消泡剂改善其性能，但不加摩擦改进剂和极压剂	汽车手动变速器（包括牵引车和卡车）
GL-2	汽车蜗轮式驱动桥，由于其负荷、温度和滑动速度的状况，用 GL-1 齿轮油不能满足要求，规定用 GL-2 级齿轮油，通常都加有脂肪添加剂	蜗轮蜗杆传动装置

续表

分 类	使用说明	用 途
GL-3	适用于滑动速度和负荷比较苛刻的汽车手动变速器和螺旋锥齿轮的驱动桥，规定用 GL-3 油。这种使用条件要求润滑油的负荷能力比 GL-1 和 GL-2 级油高，但比 GL-4 级油低	苛刻条件下手动变速器和螺旋锥齿轮的驱动桥
GL-4	在低速高扭矩、高速低扭矩下操作的各种齿轮，特别是客车和其他车用的准双曲面齿轮，规定用 GL-4 级齿轮油，要求其抗擦伤性能等于或优于 CRC 参考油 RGO-105，并要通过实验程序，其性能达到 1972 年 4 月启用的 ASTM STP-512 规定的要求	手动变速器、螺旋锥齿轮和使用条件不太苛刻的双曲面齿轮
GL-5	在高速冲击负荷、高速低扭矩、低速高扭矩下操作的各种齿轮，特别是客车和其他车用的准双曲面齿轮，规定用 GL-5 级齿轮油，要求其抗擦伤性能等于或优于 CRC 参考油 RGO-110，并要通过实验程序，其性能达到 1972 年 4 月启用的 ASTM STP-512 规定的要求	适用于苛刻使用条件下的双曲线齿轮及其各种齿轮，也可用于手动变速箱
GL-6		这个分类已被废除

（2）齿轮油的选择

齿轮油的选择包含使用性能级别的选择和黏度等级的选择两个步骤。

在选用齿轮油的使用级别时，要严格按照汽车使用说明书中规定的齿轮油使用级别进行选用，或根据传动机构工作条件的苛刻程度选择齿轮油。工作条件主要考虑传动齿轮的接触压力和滑动速度。近年来，进口和中外合资车厂生产的轿车及部分载货汽车、工程车辆的主传动器准双曲面齿轮，轮齿间接触压力达 3 000 MPa 以上，滑动速度超过 10 m/s，油温高达 120℃～130℃，工作条件苛刻，必须使用 CLE（GL-5）级齿轮油；主传动器采用准双曲面齿轮，但齿面接触压力在 3 000 MPa 以下，滑动速度在 1.5～8.0 m/s，工作条件不太苛刻，可选用 CLD（GL-4）级齿轮油。有些载货汽车虽然后桥主传动装置采用普通螺旋锥齿轮，但负荷较重，工作条件苛刻，也要求使用 CLD（GL-4）级齿轮油。变速器及转向器一般负荷较轻，为使用方便，一般采用与主传动器相同的齿轮油。

齿轮油的黏度等级主要根据使用地区的环境温度选择，车辆齿轮油最高工作温度下的运动黏度不应低于 10～15 mm^2/s。根据汽车使用环境温度选择齿轮油黏度时，可参照表 3-8。

表 3-8 汽车齿轮油黏度等级的选择

黏度等级	使用气温范围 /℃	黏度等级	使用气温范围 /℃
75W/90	-40℃以上地区全年通用	90	-10℃以上地区全年通用
80W/90	-30℃以上地区全年通用	140	重负荷、炎热夏季
85W/90	-20℃以上地区全年通用		

应当注意的是，不能将使用级别较低的齿轮油用在要求较高的车辆上，否则会使磨损加剧，例如将普通齿轮油加在双曲面齿轮驱动桥中，将使齿轮很快地磨损和损坏；性能级别较高的齿轮油可以用在要求较低的车辆上，但过多使用经济上不合算；各使用级别的齿轮油不能相互混用；润滑油黏度应适宜，不要误认为高黏度齿轮油的润滑性能好，应尽可能使用适当的多级润滑油。

任务二　汽车其他工作液体

一、汽车制动液

制动液（也叫刹车油）是汽车液压制动系统中传递压力的工作介质，其性能对汽车的行驶安全性有很大的影响。汽车制动液位置如图3-6所示。

图 3-6　汽车制动液位置

1. 汽车制动液的技术要求

汽车制动液工作时应保持不可压缩性和良好的流动状态。具体的技术要求如下。

汽车为什么需要定期更换制动液？

（1）高沸点

现代高速汽车制动强度大，制动过程产生的摩擦热会使制动系统温度升高，甚至达到150℃以上。如果制动液沸点太低，高温时蒸发成蒸汽，使制动系统管路产生气阻，会导致制动失效。

（2）吸湿性小

水分的沸点低，容易在制动系统产生气阻。

（3）适宜的黏度

黏度合适可保持制动液具有良好的流动性和一定的润滑能力，使系统能顺畅工作，同时，要求制动液在很宽的温度范围内（-40℃～150℃）保持适当的黏度，使制动液能四季通用。

（4）安定性好

制动液在高温条件下长期使用不应产生热分解和缩合使黏度增加，也不允许生成胶质和油泥沉积物。

二、液力传动油（ATF）

液力传动油也称自动变速器油（Automatic Transmission Fluid），简称 ATF 油，是指专门用于自动变速器（AT）和无级变速器（CVT）等的集润滑、液力传递、液压控制功能于一体的特殊油液。ATF 油对自动变速器的工作、使用性能以及使用寿命都有着非常重要的影响。汽车自动变速器维护保养的主要内容就是对 ATF 油的检查和更换。自动变速箱 ATF 油如图 3-7 所示。

图 3-7 自动变速箱 ATF 油

1. 液力传动油的分类

● 国外液力传动油的分类多采用美国 ASTM 和 API 共同提出的 PTF（Power Transmission Fluid）使用分类法，将 PTF 分为 PTF-1、PTF-2 和 PTF-3 三类。其规格及适用范围如表 3-9 所示。

表 3-9 液力传动油使用分类

分 类	符合的规格	适用范围
PTF-1	通用汽车公司 GM Dexron Ⅱ、福特汽车公司 FORD M2C33-F、克莱斯勒 CHRYSLER MS-4228	轿车和轻型货车液力传动油
PTF-2	通用汽车公司 GM Track、Coach、阿里林 AllisonC-2、C-3	重型货车和越野汽车液力传动油
PTF-3	约翰迪尔 John Deere J-20A、福特 FORD、玛赛-费格森 Maosey-Ferguson M-1135	农业和建筑机械液力传动油

● 国产液力传动油的分类：按 100℃ 运动黏度将液力传动油分为 6 号和 8 号两种。其与国外液力传动油的基本对应关系如表 3-10 所示。

表 3-10 液力传动油的分类标准

国外分类	国内分类	应用范围
PTF-1	8	轿车和轻型货车液力传动油
PTF-2	6	越野汽车、载货汽车、工程机械
PTF-3		农业和建筑野外机械

2. 液力传动油的选择与使用

液力传动油要按车辆使用说明书的规定选择使用。轿车和轻型货车应选用 8 号油，进口轿车要求用 GMA 型、A-A 型或 Dexron 型自动变速器油的均可用 8 号油代替。重型货车、工程机械的液力传动系统应选用 6 号油。

液力传动油的使用注意事项如下。

（1）注意保持 ATF 油的正常工作温度

油温过高，易变稀、变质，油压降低，使自动变速器打滑；油温过低，油压变高，时滞过长，使自动变速器换挡不及时。

(2) 应经常检查 ATF 油的液面高度

ATF 油的液面高度检查，分为冷态检查（不行车、不走挡）和热态检查（行车后或停车走挡）两种。检查时要求车辆停在平地上，发动机达到正常工作温度后进行。此时油平面应分别在自动变速器油标尺的冷态上、下两刻线或热态上、下两刻线之间，油液不足时要及时添加。当油面过低时，油压不足，打滑；当油面过高，产生气泡时，同样打滑。

(3) 按车辆使用说明书的规定更换 ATF 油

通常每行驶 10 000 km 应检查油面一次，每行驶 40 000 km 应更换油液。应尽量避免人工换油，多采用机器换油。

(4) 注意观察 ATF 油的品质情况

在检查油面和换油时，在手指上蘸少许油液，检查油质、颜色、气味和杂质等情况，确认 ATF 油是否因打滑或过热等原因变质。现在常用的 GM 系列 Dexron Ⅱ ATF 油一般染成红色，油质清澈纯净，如颜色变黑、有烧焦味且含有杂质等，则予以更换。

三、动力转向液压油

动力转向系统是利用发动机的动力帮助驾驶员进行转向操纵的装置，把发动机的能量转换成液压能（电能或气压能），再把液压能（电能或气压能）转换成机械能作用在转向轮上帮助驾驶员进行转向，故应称之为动力助力转向系统，最初主要是为了减小驾驶员施加到转向盘上的转向力而装到汽车上的。20 世纪 30 年代开始在汽车上应用动力转向系统。动力转向液压油位置如图 3-8 所示。当时，主要是在重型汽车上安装，采用的动力源包括气压和液压。到目前为止，气压动力转向已被淘汰，最广泛应用的是液压动力转向，另外还有刚开始推广应用的电动动力转向。目前在国外不但重型车上装用动力转向系统，而且在轻型车和轿车上也极普遍地装用。从 20 世纪 50 年代起，各汽车工业发达国家就竞相发展动力转向装置。

图 3-8 动力转向液压油位置

四、发动机冷却液

发动机冷却液（见图3-9），又称防冻液、抗冻液、水箱宝等。其主要功能为保护发动机正常良好运行，在发动机水箱内循环，起到防冻、防沸、防锈、防腐蚀等作用。大多防冻液的颜色为红色或绿色，以便观察是否泄露，或与发动机其他液体相区别，避免混淆。

图3-9 发动机冷却液

1. 冷却液的功能

冷却液功能具有：冷却发动机部件，防止冷却液凝固，防止冷却系统部件生锈，防止过热的功能（沸点比水高）。

2. 定期更换

一般根据行驶里程或时间长短更换发动机的冷却液，因为难以通过目视判断它的变质程度。

无水冷却液为什么突然火起来了？

3. 更换事项

更换事项：测量防冻液冰点；更换防冻液时防止泄露；防止热的防冻液喷出伤人。保证将原防冻液释放干净（散热器和缸体中都要放掉）；保证添加到标准量；不将泄漏的部分残留在车辆部件上；工序完成后确认是否有泄漏。

4. 使用方法

现代汽车发动机的冷却液除了冷却功能外，还必须具有解决穴蚀、化学腐蚀、电化学腐蚀和水垢四大问题的作用。冷却液是水与防冻剂的混合物。由于水的来源不同，所以其成分和清洁度也不同。因此，在加注冷却液时，要注意以下几个方面。

1）不要加井水、污水

水就其是否溶解有矿物质，可分为硬水和软水两种。硬水中含有铁、钙、镁等离子，未经处理的井水、泉水属于硬水。如果向发动机中加注这类硬水，经发动机加热蒸发后，就会产生碳酸钙、硫酸钙等化合物，沉淀下来形成水垢。而水垢，一方面是热的不良导体；另一方面当水垢增加到一定程度时，会使管路变窄，水的流量随之减少，影响发动机散热，从而造成发动机过热。而污水中含有泥沙和腐烂的有机物，易腐蚀水箱和缸体水套，影响其使用寿命。

2）应定期检查

发动机加注长效冷却液，在工作一段时间后，应打开水箱盖进行检查，当水箱出现水污、水锈和沉淀物时，应及时更换冷却液。

3) 不要缺水运行

高温天气行车，水箱内的冷却液蒸发加快，要时刻注意检查冷却液量，注意观察冷却液温度表。水箱如果不完全加满，冷却液在水套内的循环就存在问题，水温容易升高，造成"开锅"。有的车，加水时不易加满，其水箱位置较发动机低，加水时水箱加水口显示已经加满，但实际上发动机水套内缺水。如贸然行车，则水箱易"开锅"。对这类车，正确的方法是：应在加水口显示加满后，起动发动机运转，待发动机温度升高至节温器开启时，水套内空气排出后，水面就会下降，此时再将水箱加满即可。对于轿车，冷却液液面应位于补偿水桶外表面"高"线和"低"线之间。

4) 水箱"开锅"时不要贸然开盖

"开锅"时，水箱内温度很高（至少100℃），压力大，突然开启水箱盖，滚开的水及水蒸气便会向外急速喷出，易烫伤加水者。出现"开锅"时一般应怠速运转，等发动机温度降下来后再开盖加注冷却液。如时间紧迫，可先用湿布盖住水箱盖，再用湿毛巾包住手，然后慢慢将水箱盖打开。另外，加冷却液速度不宜过快，应缓缓加入。

5) 加水时不要将水洒到发动机上

加水时，若将水洒到发动机的火花塞孔座、高压线插孔、分电器上都可能对跳火有影响；水溅到传动带上也可能导致其打滑；洒到机体上还有可能导致机体变形甚至产生裂纹。

6) 向冷却液中加防冻剂

防冻剂中还含有防锈剂和泡沫抑制剂。防锈剂可延缓或阻止发动机水套壁及散热器的锈蚀和腐蚀。冷却液中的空气在水泵叶轮的搅动下会产生很多泡沫，这些泡沫将妨碍水套壁的散热。泡沫抑制剂能有效地抑制泡沫的产生。

7) 人体不要接触防冻液

防冻液及其添加剂均为有毒物质，请勿直接接触，并置于安全场所。放出的冷却液不宜再使用，应严格按有关法规处理废弃的冷却液。

8) 不同型号的防冻液不要混合使用

混合使用不同型号的防冻液时会生成沉淀或气泡，降低使用效果。在更换冷却液时，应先将冷却系统用净水冲洗干净，然后再加入新的防冻液和水。用剩的防冻液应在容器上注明名称，以免混淆。

任务三　汽车轮胎的使用维护及规格

一、轮胎分类及规格

1. 轮胎的分类

按轮胎的用途可将其分为轿车轮胎、货车轮胎、大客车轮胎和越野汽车轮胎；按轮胎的胎体结构可将其分为实心轮胎、充气轮胎和特种轮胎。

现代汽车广泛采用充气轮胎，按不同的分类方法，又有很多类型。

● 按照其结构不同，可分为有内胎轮胎和无内胎轮胎。

● 按其充气压力的大小可分为高压胎（气压为 0.5～0.7 MPa）、低压胎（气压为 0.2～0.5 MPa）和超低压胎（气压为 0.2 MPa 以下）。

认识轮胎

目前，轿车、载货汽车多采用低压胎，因为低压胎弹性好、断面宽、与道路接触面大、壁薄而散热性良好。这些特点可提高汽车行驶的平顺性和操纵的稳定性。此外，还可以延长轮胎和道路的使用寿命。超低压胎适用于在坏路条件下行驶的越野汽车，能提高汽车的通过性。

● 按照其胎面花纹可分为普通花纹轮胎、混合花纹轮胎和越野花纹轮胎。

● 按照其胎体中帘线排列方向，可分为普通斜交轮胎和子午线轮胎。

子午线轮胎结构如图3-10所示，由胎面、胎体帘子布层、钢丝带束层（大多为钢制）、胎圈（由钢丝制成，硫化成橡胶）构成，并以带束层箍紧胎体。胎体帘布层帘线相对胎面中心线呈垂直方向排列，即90°角（或接近90°角）。它的结构特点是：胎冠角为0°。这种帘线排列方向与受力方向一致，使帘线强度能得到充分利用，帘布层数比普通斜交轮胎减少40%～50%；设有带束层，带束层的帘线与胎面中心线交角很小，一般在20°以内，对帘布起箍紧约束作用，并使胎面强度显著提高。

图3-10　子午线轮胎结构

与普通斜交轮胎相比，子午线轮胎的优点如下。

· 使用寿命长。子午线轮胎耐磨性好，比普通斜交轮胎使用寿命可延长 30%～50%。

· 滚动阻力小，节约燃料。由于胎冠具有强度较高的带束层，所以胎面的刚性大，轮胎滚动时弹性变形小，波动阻力比普通斜交轮胎可减小 25%～30%，油耗可降低 8% 左右。

· 承载能力大。由于子午线轮胎的帘线强度能得到充分利用，故承载能力大，比普通斜交轮胎约提高 14%。

· 缓冲能力强，附着性能好。由于胎侧部分比较柔软，胎体弹性好，能吸收冲击能量，故缓冲能力强。附着性好，是由于轮胎接地面积大、胎面滑移小。

子午线轮胎的缺点是：胎侧易裂口；制造技术要求高；成本高；翻新困难。

由于子午线轮胎的综合性能明显优越于普通斜交轮胎，因此其应用越来越广泛。

2. 轮胎的规格及其表示方法

轮胎的主要尺寸（见图 3-11）是轮胎断面宽度 B、轮辋名义直径 d、轮胎断面高度 H、轮胎外直径 D、负荷下静半径、滚动半径和高宽比等。

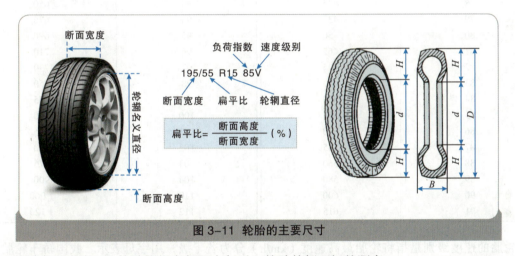

图 3-11 轮胎的主要尺寸

● 轮胎断面宽度 B：轮胎按规定气压充气后，轮胎外侧面间的距离。

● 轮辋名义直径 d：轮辋规格中直径大小的代号，与轮胎规格中相对应的直径一致。

● 轮胎断面高度 H：轮胎按规定气压充气后，轮胎外直径与轮辋名义直径之差的一半。

● 轮胎外直径 D：轮胎按规定气压充气后，在无负荷状态下胎面最外表的直径。

● 负荷下静半径：轮胎在静止状态下只承受法向负荷作用时，由轮轴中心到支承平面的垂直距离。

● 轮胎滚动半径：车轮旋转运动与平移运动的折算半径。滚动半径，按下式计算：

$$r = \frac{S}{2\pi n_W}$$

式中，S——车轮移动的距离（mm）；

n_W——车轮转过的圈数。

● 轮胎的高宽比：轮胎的断面高度 H 与轮胎断面宽度 B 的百分比，表示为 $(H/B)\%$。轮胎系列就是用轮胎的高宽比的名义值大小（不带%）表示的，例如"80"系列、"75"系列和"70"系列等。

以载货汽车普通断面子午线轮胎符号 9.00 R 20 为例，解释如下：

"9.00"表示轮胎名义断面宽度（9 in），"R"表示子午线轮胎代号（英语单词 Radial 的缩写），"20"表示轮辋名义直径（20 in）。其中，in 是英制单位，表示英寸。

以丰田花冠普利司通轮胎为例解释轿车轮胎规格最新含义：195/60 R15 88H。其中，"195"表示轮胎名义断面宽度（195 mm），"60"表示轮胎系列（高宽比），"R"表示子午线轮胎代号，"15"表示轮辋名义直径（15 in），"88"表示负荷指数（最大负荷为 530 kg），"H"表示速度级别（最高行驶速度为 210 km/h）。

其中，轮胎负荷指数是指在规定条件（轮胎最高速度、最大充气压等）下轮胎最大承载能力的数字符号，标记在轮胎胎壁上。根据欧洲轮胎轮辋技术组织（（ETRTO）标准，轮胎上必须标出负荷指数，表 3-11 所示为大众汽车公司所使用轮胎的负荷指数及相应的承载能力。

表 3-11 大众汽车公司所使用轮胎的负荷指数及相应的承载能力

轮胎负荷指数	轮胎最大承载能力 /kg	轮胎负荷指数	轮胎最大承载能力 /kg
75	387	92	630
78	425	93	650
79	437	94	670
80	450	95	690
81	462	96	710
82	475	97	730
83	487	98	750
84	500	99	775
85	515	100	800
86	530	101	825
87	545	102	850
88	560	103	875
89	580	104	900
90	600	110	1 060
91	615	112	1 120

轮胎的速度级别是指将轮胎最高速度（km/h）分为若干级，用字母表示。我国轿车轮胎的速度级别符号及对应的最高行驶速度如表 3-12 所示。

表 3-12 速度符号标志

速度标志	速度/(km·h^{-1})	速度标志	速度/(km·h^{-1})	速度标志	速度/(km·h^{-1})	速度标志	速度/(km·h^{-1})	速度标志	速度/(km·h^{-1})
A1	5	B	50	L	120	U	200		
A2	10	C	60	M	130	H	210		
A3	15	D	65	N	140	V	240		
A4	20	E	70	P	150	ZR	240 以上		
A5	25	F	80	Q	160	W	240 以上		
A6	30	G	90	R	170	Y	300		
A7	35	J	100	S	180				
A8	40	K	110	T	190				

二、轮胎的使用与维护

1. 轮胎磨损的原因及保养方法

(1) 轮胎磨损的原因

轮胎气压过高或过低都会影响其使用寿命,同时也不利于行车安全。轮胎内压过低或超负荷使用会大大增加胎体所承受的应力和变形,使轮胎与着地面积间的机械磨擦和胎体的内磨擦加剧,引起轮胎磨损和损伤。轮胎内压过高,会加大轮胎帘布层所承受的伸张力,增大胎层间的面积,增大胎体刚性,减小着地面积,致使轮胎使用性能恶化而磨损和损伤。

- 科学的充气标准:以轮胎的标准气压为基准,随着气温的变化,对轮胎气压略有改变。例如:夏季应比冬季低5%~7%,因考虑到夏季气温高,气体受热,体积增大压力高;相反,冬季必须达到标准气压或略低一点。
- 使用中急剧地起步、制动和急转弯会加速轮胎的磨损,引起胎面掉块及胎圈损坏。
- 快速越过高而尖的障碍物,极易引起轮胎受到切割、爆裂、刺扎等损伤。
- 长时间的高速行驶。根据轮胎的自身特性,随车速的加快,轮胎的变形频率增加,致使胎温升高,引起磨损和损伤。
- 在松软土地上的牵引性能较差,特别是水田作业或雨后行驶在泥泞路面上,极易打滑磨损轮胎。
- 前束调整不当,引起胎面磨损。
- 轮胎在拆装保养过程中,如装拆不小心、撬伤、砸伤胎圈和轮辋,或装入内胎前胎内混入沙、石等杂物,造成轮胎损坏。
- 停放和轮胎保管不当,受到阳光曝晒、油浸蚀,使轮胎腐蚀变质。

(2) 保养方法

- 轮胎在使用过程中,应经常检查轮胎气压,按照胎侧所标内压充气。
- 起步、转弯和制动时不可太猛,尽量避免换挡起步,猛松离合、重负荷大油门高速起步、转死弯和打死方向盘,以及不必要的急刹车等。由于驾驶技术不高,所以有不少新驾驶员由于缺乏经验,往往在行车中频繁地紧急制动,经常紧急起步以及高速转向或调头,陷车和牵引阻力过高,轮胎长时间打滑,或者草率地通过障碍物;有的驾驶员不会选择路面和相应的行驶速度,这些也都会影响轮胎的寿命。
- 在不平坦的道路上行驶时,应放慢速度。
- 车速应根据实际情况掌握,尽量避免长途高速运输。
- 在田间作业发生陷车时,应尽量避免车轮在坑内高速空转。
- 正确保养转向系统,保持前束值的正确,以防轮胎早期磨损。
- 拆装轮胎时,应在干净地面上进行,不用有缺口、尖角的工具;安装时,不要将泥沙带入,花纹方向不要装反。

●轮胎上不要沾染油酸、碱等，以防腐蚀。

●长期不工作时，应将车顶起，使轮胎不承受压力，但不要放气。另外，应防止轮胎受阳光曝晒。如果轮胎没有悬空，特别是当轮胎气压低于规定值时，由于产生稳定变形，在个别情况下会使外胎胎体脱层和折断，因而导致轮胎寿命大大缩短。

●一般情况下，轮胎在使用一定时间之后，左右侧轮胎应互换位置（四轮换位），如图3-12所示，以延长轮胎使用寿命。

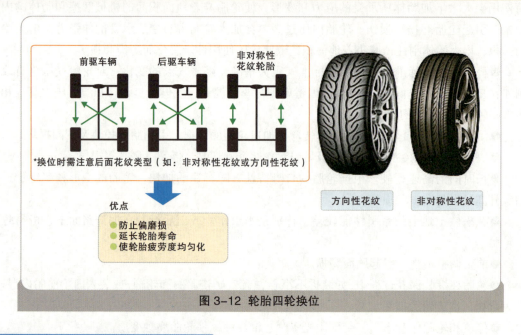

图3-12 轮胎四轮换位

2. 轮胎不正常磨损的原因

轮胎磨损主要是轮胎与地面间滑动产生的摩擦力造成的。若轮胎使用不当或定位不准，将产生故障性不正常磨损。

常见的不正常磨损有以下几种：

（1）轮胎的中部早期磨损

轮胎的中部早期磨损的主要原因是充气量过大。适当提高轮胎的充气量，可以减少轮胎的滚动阻力，节约燃油。充气量过大时，不但影响轮胎的减震性能，还会使轮胎变形量过大，与地面的接触面积减小。正常磨损只能由胎面中部承担，形成早期磨损。如果在窄轮辋上选用宽轮胎，也会造成中部早期磨损。

（2）轮胎两边磨损过大

轮胎两边磨损过大的主要原因是充气量不足，或长期超负荷行驶。充气量小或负荷重时，轮胎与地面的接触面大，使轮胎的两边与地面接触形成早期磨损。

（3）轮胎的一边磨损量过大

轮胎的一边磨损量过大的主要原因是轮胎定位失准。当外倾角过大时，轮胎的外边形成早期磨损，外倾角过小或没有时，轮胎的内边形成早期磨损。

3. 转向轮前束的检查与调整方法

（1）转向轮前束的检查方法

转向轮前束常用的检查方法有以下 3 种：
- 在转向轮悬空的情况下，转动转向轮，测量两转向轮最前端之间的距离及最后端之间的距离，两者之差就是前束值。这种测量方法误差较大，因为转向节与主销之间、轮毂轴承与转向节之间都存在着间隙，因此转向轮悬空状态与着地承载时的状态并不相同。
- 用指针式前束尺测量。由于前束尺较长，两测量脚有弹性，再加上两轮转向轮胎侧的厚度有差异，因而影响测量的准确性。
- 采用平地推车法测量。将车停在平坦的地面上，在两转向轮轮胎后面高度的 1/2 处分别做上标记，测量两标记之间的距离。然后推动车前进，使两转向轮转动 180°，即把标记转到两转向轮轮胎前面高度的 1/2 处，再测量两标记之间的距离。两次测量所得距离之差，即为转向轮的前束值。再推动车前进，使转向轮转动 90°，然后再按上述方法测量转向轮的前束值。取两次测量结果的平均值作为该车转向轮的实际前束。也可以在轮胎上多取几个点进行测量，以消除各种因素的影响，而得出比较准确的前束值。

（2）转向轮前束的调整方法

转向轮前束的调整，是通过改变转向横拉杆的长度来实现的。横拉杆伸长，前束值增大；横拉杆缩短，前束值减小。

○ 调整步骤

- 旋松转向横拉杆两端接头的锁紧螺栓。
- 为了看清横拉杆转动的圈数，最好用粉笔在横拉杆及接头上做一个记号。
- 转动横拉杆，使其伸长或缩短。
- 调整合适后，拧紧横拉杆两端接头的锁紧螺栓。

一、填空题

1. 汽车汽油使用性能包括_____、_____、_____、_____、_____。
2. 中国内地出售的汽油有哪几种_____、_____、_____。
3. 轿车子午胎规格 215/75R15 97H 代表什么意思_____。
4. 正常情况下汽车行驶_____至_____km 需要进行一次四轮定位。
5. 机油的作用：_____、_____、_____、_____、_____、_____等。

二、判断题

1. 轮胎偏平率是胎高×胎宽。（　　）
2. 225R16 中的 R 是表示子午线轮胎。（　　）
3. 轮胎可与油类化学腐蚀品一同存放。（　　）
4. 夏季，汽油蒸发性过强，容易使燃油系统产生"气阻"，使供油中断。（　　）
5. 使用安定性差的汽油，会造成电喷发动机的喷嘴胶结。（　　）

三、选择题

1. 检查轮胎时发现，某轮胎中心磨损过多，可能的原因是（　　）。
   A. 胎压不足　　　　B. 胎压过高　　　　C. 经常超载
2. 轮胎胎压较低时，会出现以下哪些状况（　　）。
   A. 油耗变大　　　B. 行驶性能降低　　　C. 易发生偏磨损　　　D. 降低轮胎寿命
   E. 容易侧滑
3. 建议车主行驶多少 km 时进行轮胎换位（　　）。
   A. 3 000～5 000 km　　　B. 5 000～7 000 km　　　C. 8 000～10 000 km
4. 轮胎的侧面的凹凸情况，哪种可以正常使用（　　）。
   A. 鼓起　　　　　B. 凹陷　　　　　C. 裂纹

课题四
汽车的合理使用

知识目标

1. 了解新车的合理使用知识。
2. 了解如何在磨合期使用汽车。
3. 了解汽车安全知识。

技能目标

1. 学会汽车在磨合期的正确使用。
2. 掌握汽车使用与管理的基本内容。

素养目标

1. 培养学生遵规守纪、安全环保、诚实守信的职业素养。
2. 培养学生安全、节约、环保的绿色安全意识。

任务一 新车的合理使用

一、汽车在磨合期的使用

磨合期是指在汽车运行初期改善零件摩擦表面的几何形状和表面层物理性能的过程。新车（包括大修竣工的汽车）最初的使用阶段称为磨合期。汽车经过初期使用阶段的磨合，使各运动部件摩擦表面之间进行相互研磨，不断提高配合精度，从而顺利过渡到正常使用状态。汽车的使用期限、行驶可靠性、动力性和燃料经济性与汽车工作初期的使用情况有很大关系，而且磨合的好坏将直接影响到汽车的大修间隔里程。因此，汽车磨合的目的就是使各运动部件快速适应各种工况，并大大延长汽车的使用寿命，降低维修成本。

爱车为什么需要做 PDI 检查？

发动机内部各运动部件之间需要通过磨合才能达到最佳工作状态。所以，磨合期间的驾驶方式和操作习惯将直接关系到发动机的工作性能和使用寿命。

在磨合期内，简单地说就是要做到减载、限速、保持正确驾驶方法以及按规定对汽车进行技术维护作业，特别要注意以下几点。

磨合期怎么做才算是爱车？

● 磨合期内的前 1 500 km 内，不要高速行驶，汽车在各挡位的行驶速度请勿超过发动机最高转速的 70%，更不要长时间高速行驶，严禁超负荷运行，不允许超载，应严格按照生产厂家使用说明的要求遵守操作规程。

· 新的摩擦制动片尚未达到 100% 的制动效果，制动应有提前量，特别是在 200 km 内，轮胎摩擦力不够，因此在制动时要比正常情况下多用些力，这也包括在刚换新轮胎或新制动踏板时。

· 新轮胎尚未达到最佳附着力，应尽量避免快速转弯时紧急制动。

· 在 1 000 ~ 1 500 km 时，可逐渐将发动机转速及车速提高到最高默许速度。不允许长久地用第一挡或高速挡行驶；在各个挡位都不要使车速达到极限，各挡位每小时的车速要控制在最高速的 3/4 范围内，大体上为 1 挡 25 km/h、2 挡 40 km/h、3 挡 60 km/h、4 挡 90 km/h、5 挡 100 km/h。

· 需要声明的是，"先离后刹"的做法是在磨合时期，并且是在非常状况（紧急制动）时采取的保护发动机的措施，切不能作为习惯长期使用。当车辆度过了"保育"期，从离合器保养方面讲，就应是"先刹后离"，有不少新手在学车时，因害怕熄火，总是脚踩离合器，要减速就先踩下离合器，即使是挂了高挡或低挡行驶，为了换挡方便，也会离合器不离脚。这样制动、换挡，对于新手可能会使车子开得平稳些，但对离合器却会造成不小的伤害。

· 还有人习惯在停车时，挂一挡踩离合器等候，或是挂了空挡还踩着离合器，认为这样可以使起步动作简化。但是，这种习惯会使左腿始终都处在用力状态，无法放松，易使驾驶人疲劳，更严重的是会造成离合器长时间处于磨损状态。

●不要以过低的发动机转速行驶,如果发动机出现工作不平稳,车身抖动,应立即换入低挡,避免拖挡。高速度同样能使发动机和传动机件的负荷增多,因此车速应控制在规定范围内。除了在速度上要限制之外,还需严格执行驾驶操作规程,一是避免节气门全开;二是保持发动机的正常工作温度。同时新车不宜过载,承载率应低于90%,并选择平坦道路行驶。

●由于机件之间尚属于磨合期,所以过大的负荷和过高的速度,都会加剧对零件的冲击。此外,汽车在磨合期还应注意尽量不做紧急制动,冷车起动时注意预热,力争做到慢起步,缓停车。发动机处于冷车状态时,无论在空挡或挂挡行车时都不要高速运转;在磨合期间,应该注意更换不同的挡位进行均匀地磨合。进挡时应该注意保持正确的挡位角度和位置,如果遇到进挡困难,可以松开离合器,然后重复进挡。

●车辆的行驶里程超过磨合里程后,应该进行短时间的高速行驶,以使发动机的全部性能得到充分发挥。车辆进入磨合期后,应进行阶段性能检查维护,内容包括以下方面。

·磨合前期。清洁全车;紧固外露的螺栓、螺母;添加燃油、机油;补充冷却液;检查变速器、轮胎的气压;检查灯光仪表;检查蓄电池;检查制动。

·行驶到30~50 km时,检查变速器、前后车桥、轮毂、传动轴等是否有杂声或有无发热现象;检查制动系统的制动能力及紧固性、密封效果。

·行驶到150 km时,检查全车外露螺栓、螺母的紧固情况。

·磨合结束。到指定维护站或4S店进行全车磨合保养(首保);换机油、机油滤清器,清洗油底壳,测气缸压力,清除积炭,拆除限速装置,调整发动机怠速,检查制动系统,调整离合器踏板自由行程,紧固前悬架及转向机构。

●磨合期内的机油消耗量与燃油消耗量相比可能会偏高,此为正常现象。

●磨合期内超速或者超载行驶将导致发动机气缸壁和活塞环、曲轴和轴瓦等配合副之间的过度磨损,从而使发动机的性能、燃料消耗、机油消耗水平以及机件的使用寿命受到极大的损害。

二、汽车安全使用与管理

提到交通安全,人们很自然与交通事故联系在一起。随着机动车保有量逐年增加,交通事故已经成为当今世界一个严重的社会问题。美国著名学者乔治·威伦研究了美国和世界上其他一些国家中的交通、消防与犯罪问题,在他的著作《交通法院》中写道,"人们应该承认,交通事故已成为今天国家最大的问题之一。它比消防问题更严重,这是因为每年因交通事故死亡的人数日渐增多,遭受的财产损失更大;它比犯罪问题更严重,这是因为交通事故跟整个人类有关,不管是强者还是弱者,富人还是穷人,聪明人或是愚蠢人,每一个男人、女人、孩子或者婴儿,只要他们在街道或者公路上,每一分钟都可能死于交通事故。"在许多国家,由交通事故引起的人员伤亡比火灾、水灾、意外爆炸等造成伤亡的总和还要大得多。全世界每年因交通事故死亡的人数逾100万人,这相当于每年有一个中等城市被摧毁。人们把道路交通事故称为"无休止的交通战争""文明世界的第一大社会公害"等,把导致道路交通事故发生的汽车称为"行驶的棺材"。

为了避免道路交通事故的发生,驾驶员应以交通法规对照、规范自己的驾车行为,避免违法行驶。汽车驾驶员要了解并遵守交通规则。

1. 常见交通规则

（1）右侧通行的含义

右侧通行的意义是我国机动车、非机动车在道路上行驶时应遵循的基本通行原则，也是一个国家必须统一规定的道路交通技术上的最基本的问题。

右侧通行的含义是指机动车、非机动车在道路上行驶时，如果道路上划设有中心线的，以中心线为界；未划设中心线，以几何中心为界，以面对方向定左右，即左手一侧的道路为左侧道路，右手一侧的道路为右侧道路，除有特殊规定以外，一律靠右侧的道路行驶。所谓的特殊规定，主要是指车辆遇到下列情况，可以在道路中心左侧行驶：一是在规定整个车行道幅宽内所有车辆都朝一个方向（单行道）行驶时；二是执行任务的警车、消防车、救护车、工程救险车在确保安全的前提下，可以在道路中心线左侧行驶；三是正在作业的道路养护车辆、工程作业车，在不影响其他车辆通行的前提下，可以在道路中心线左侧行驶。

（2）机动车通行规则

当机动车通过有交通信号灯控制的交叉路口时，应当按照下列规定通行：

● 在划有导向车道的路口，按所需行进方向驶入导向车道；准备进入环形路口的让已在路口内的机动车先行；向左转弯时，靠路口中心点左侧转弯。转弯时开启转向灯，夜间行驶开启近光灯；遇放行信号时，依次通过；遇停止信号时，依次停在停止线以外。没有停止线的，停在路口以外；向右转弯遇有同车道前车正在等候放行信号时，依次停车等候；在没有方向指示信号灯的交叉路口，转弯的机动车让直行的车辆、行人先行。相对方向行驶的右转弯机动车让左转弯车辆先行。

● 机动车通过没有交通信号灯控制也没有交通警察指挥的交叉路口，除应当遵守上一项的规定外，还应当遵守下列规定：有交通标志、标线控制的，让优先通行的一方先行；没有交通标志、标线控制的，在进入路口前停车瞭望，让右方道路的来车先行；转弯的机动车让直行的车辆先行；相对方向行驶的右转弯的机动车让左转弯的车辆先行。

● 当机动车需掉头、倒车或遇交通堵塞时，应当按照下列规定通行：

· 掉头。机动车在有禁止掉头或者禁止左转弯标志、标线的地点以及在铁路道口、人行横道、桥梁、急弯、陡坡、隧道或者容易发生危险的路段，不得掉头。机动车在没有禁止掉头或者没有禁止左转弯标志、标线的地点可以掉头，但不得妨碍正常行驶的其他车辆和行人通行。

· 倒车。机动车倒车时，应当察明车后情况，确认安全后倒车。不得在铁路道口、交叉路口、单行路、桥梁、急弯、陡坡或者隧道中倒车。

· 交通阻塞。机动车遇有前方交叉路口交通阻塞时，应当依次停在路口以外等候，不得进入路口。机动车在遇有前方机动车停车排队等候或者缓慢行驶时，应当依次排队，不得从前方车辆两侧穿插或者超越行驶，不得在人行横道、网状线区域内停车等候。机动车在车道减少的路口、路段，遇有前方机动车停车排队等候或者缓慢行驶时，应当每车道一辆依次交替驶入车道减少后的路口、路段。

● 当机动车使用灯光、喇叭时，应当按照下列规定操作：

· 灯光。向左转弯、向左变更车道、准备超车、驶离停车地点或者掉头时，应当提前开启左转向灯；向右转弯、向右变更车道、超车完毕驶回原车道、靠路边停车时，应当提前开启右转向灯。

· 机动车在夜间没有路灯、照明不良或者遇有雾、雨、雪、沙尘、冰雹等低能见度的情况下行驶时，应当开启前照灯、示廓灯和后位灯，但同方向行驶的后车与前车近距离行驶时，不得使用远光灯。机动车雾天行驶应当开启雾灯和危险报警闪光灯。

· 机动车在道路上发生故障或者发生交通事故，妨碍交通又难以移动时，应当按照规定开启危险报警闪光灯并在车后 50～100 m 处设置警告标志，夜间还应当同时开启示廓灯和后位灯。

· 喇叭。机动车在夜间通过急弯、坡路、拱桥、人行横道或者没有交通信号灯控制的路口时，应当交替使用远、近光灯示意。机动车驶进急弯、坡道顶端等影响安全视距的路段以及超车或者遇有紧急情况时，应当减速慢行，并鸣喇叭示意。

● 当机动车发生故障，故障车牵引、拖带挂车时，应当按照下列规定操作：

· 发生故障。机动车在道路上发生故障，需要停车排除故障时，驾驶员应当立即开启危险报警闪光灯，并将机动车移至不妨碍交通的地方停放；难以移动的，应当持续开启危险报警闪光灯，并采取在来车方向设置警告标志等措施扩大示警距离，必要时迅速报警。

· 故障车牵引。牵引故障机动车应当遵守下列规定：被牵引的机动车除驾驶员外不得载人，不得拖带挂车；被牵引的机动车宽度不得大于牵引机动车的宽度；使用软连接牵引装置时，牵引车与被牵引车之间的距离应当大于 4 m 小于 10 m；对制动失效的被牵引车，应当使用硬连接牵引装置牵引；牵引车和被牵引车均应当开启危险报警闪光灯。汽车吊车和轮式专用机械车不得牵引车辆。摩托车不得牵引车辆或者被其他车辆牵引。转向、照明或信号装置失效的故障机动车，应当使用专用清障车拖拽。

· 牵引挂车。机动车牵引挂车应当符合下列规定：载货汽车、半挂牵引车、拖拉机只允许牵引 1 辆挂车。挂车的灯光信号、制动、连接、安全防护等装置应当符合国家标准；小型载客汽车只允许牵引旅居挂车或者总质量为 700 kg 以下的挂车，挂车不得载人；载货汽车所牵引挂车的载质量不得超过载货汽车本身的载质量。大型、中型载客汽车，低速载货汽车，三轮汽车以及其他机动车不得牵引挂车。

（3）机动车载物、载人的禁止性规定

● 机动车载物应当符合核定的载质量，严禁超载；载物的长、宽、高不得违反装载要求，不得遗撒、飘散载运物。

● 机动车运载超限的不可解体的物品，影响交通安全的，应当按照公安机关交通管理部门指定的时间、路线、速度行驶，悬挂明显标志。机动车载运爆炸物品、易燃易爆化学物品以及剧毒、放射性等危险物品的，应当经公安机关批准后，按指定的时间、路线、速度行驶，悬挂警示标志并采取必要的安全措施。

● 机动车载物不得超过机动车行驶证上核定的载质量，装载长度、宽度不得超出车厢，并应当遵守下列规定：

· 重型、中型载货汽车、半挂车载物，高度从地面起不得超过 4 m，载运集装箱的车辆不得超过 4.2 m。

· 其他载货的机动车载物，高度从地面起不得超过 2.5 m。

· 摩托车载物，高度从地面起不得超过 1.5 m，长度不得超出车身 0.2 m。两轮摩托车载物宽度左、右各不得超出车把 0.15 m；三轮摩托车载物宽度不得超过车身。

· 载客汽车除车身外部的行李架和内置的行李舱外，不得载货。载客汽车行李架载货，从车顶起高度不得超过 0.5 m，从地面起高度不得超过 4 m。

● 机动车载人不得超过核定的人数，客运机动车不得违反规定载货。

禁止货运机动车载客。货运机动车需要附载作业人员的，应当设置保护作业人员的安全措施。机动车载人应当遵守下列规定：公路载客汽车不得超过核定的载客人数，但按照规定免票的儿童除外，在载客人数已满的情况下，按照规定免票的儿童不得超过核定载客人数的 10%；载货汽车车厢不得载客。在城市道路上，货运机动车在留有安全位置的情况下，车厢内可以附载临时作业人员 1~5 人；载物高度超过车厢栏板时，货物上不得载人；摩托车后座不得乘坐未满 12 周岁的未成年人，轻便摩托车不得载人。

● 机动车应当在规定地点停放，禁止在人行道上停放机动车。

在道路上临时停车的，不得妨碍其他车辆和行人通行。

新建、改建、扩建的公共建筑、商业街区、居住区、大（中）型建筑等，应当配建、增建停车场；停车泊位不足的，应当及时改建或者扩建；投入使用的停车场不得擅自停止使用或者改作他用。

机动车在道路上临时停车时，应当遵守下列规定：在设有禁停标志、标线的路段，在机动车道与非机动车道、人行道之间设有隔离设施的路段以及人行横道、施工地段，不得停车；在交叉路口、铁路道口、急弯路、宽度不足 4 m 的窄路、桥梁、陡坡、隧道以及距离上述地点 50 m 以内的路段，不得停车；在公共汽车站、急救站、加油站、消防栓或者消防队（站）门前以及距离上述地点 30 m 以内的路段，除使用上述设施的机动车以外，不得停车；车辆停稳前不得开车门或上下人员，开关车门不得妨碍其他车辆和行人通行；路边停车应当紧靠道路右侧，机动车驾驶员不得离车，上下人员或者装卸物品后，立即驶离；城市公共汽车不得在站点以外的路段停车上下乘客。

● 驾驶机动车不得有下列行为：在车门、车厢没有关好时行车；在机动车驾驶室的前、后窗范围内悬挂、放置妨碍驾驶员视线的物品；拨打接听手持电话、观看电视等妨碍安全驾驶的行为；下陡坡时熄火或者空挡滑行；向道路上抛撒物品；驾驶摩托车手离车把或者在车把上悬挂物品；连续驾驶机动车超过 4 h 未停车休息或者停车休息时间少于 20 min；在禁止鸣喇叭的区域或者路段鸣喇叭。

任务二　手动变速器与自动变速器的正确使用

一、手动变速器的正确使用

换挡前应将离合器踩到底，操纵变速杆时动作要轻快、准确、柔和，不可用力过猛，更不能生拉硬拽，以免打坏齿轮。

挂倒挡时务必要在汽车停稳后进行，有些车型还需要事先压缩倒挡弹簧或提起倒挡提钮后方可挂入倒挡。

在车辆运行中换挡时，必须选好换挡时机。

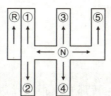

起步时用"①"挡
起步后用"②"挡
时速20 km至40 km用"③"挡
时速40 km至60 km用"④"挡
时速60 km以上用"⑤"挡

注：每次换挡时离合器必须要踩到底。
每次换挡时，挡位操纵杆须置"Ⓝ"挡即（空挡）的位置停顿1s再换相应的另一个挡位。

图4-1　手动变速器变速杆及挡位

◎ 注意

严禁在空挡熄火状态下强行挂挡起动发动机，或在车速太低时挂入高速挡以及车速过高时换到低速挡，以免损坏变速器内运动组件和发动机总成。

二、手动变速器的常见故障

手动变速器常见的故障包括：变速器各轴头和接合垫部位漏油；变速器运转时发出异响，车辆行进时遇到坡道起步、爬陡坡或急加速时掉挡（也称跳挡），或乱挡而不能挂入相应的挡位等。

1. 漏油

（1）故障现象

变速器盖周边、壳体侧盖周边、加油口螺塞、放油口螺塞、第一轴回油螺纹、第二轴油封（或回油螺纹）或各轴承盖等处有明显漏油痕迹。

（2）主要原因

- 接合平面变形或加工粗糙；密封垫片太薄、硬化或损坏。
- 变速器盖、壳体侧盖和轴承盖等处固定螺钉松动或拧紧顺序不符合要求。
- 油封与轴颈安装不同轴、油封装反、油封本身磨损、硬化或轴颈与轴不同轴。
- 回油螺纹与轴颈安装不同轴、回油螺纹沟槽污物沉积严重或有加工毛刺阻碍回油。
- 油封轴颈磨损成沟槽。
- 加油口盖、放油口螺塞松动或螺纹损坏。
- 壳体有铸造缺陷或裂纹。

2. 异响

（1）故障现象

变速器齿轮的啮合、轴承的运转都发出很大噪声，而且变速器发出干磨、撞击等不正常响声。

（2）主要原因

- 滚动轴承缺油（如第1轴前导轴承），滚珠磨损失圆，滚道有麻点、脱层、伤痕，内外滚道在轴上或壳体内转动，或轴承间隙太大。
- 齿轮加工精度差或热处理工艺不当等造成齿轮偏摇或齿形发生变化；齿隙过大或花键配合间隙太大。
- 修复过的齿面没有对毛刺、凸起等进行修整。
- 齿面剥落、脱层、缺损、磨损过甚或换件修复中齿轮未成对更换。
- 第1轴、第2轴或中间轴弯曲变形。
- 壳体轴承孔、镗孔镶套修复后，使两孔中心距发生变动或使两轴线不平行。
- 经修复后的变速叉弯度不对或变速叉磨损后单边堆焊太厚，致使相关齿轮位置不准。
- 第2轴紧固螺母松动或其他各轴轴向定位失准。
- 自锁装置凹槽、钢球磨损过甚或自锁弹簧疲劳、折断，造成挂挡时越位。

3. 掉挡

（1）故障现象

汽车重载加速或爬越坡道时，变速杆有时从某挡自动跳回到空挡位置。

（2）主要原因

- 相啮合的一对离合器式齿轮在啮合部位磨损成锥形。
- 离合器壳后孔中心位置变动、离合器壳与变速器壳接合平面相对曲轴轴线的垂直度变动或第1轴、第2轴轴承过于松旷等，造成第1轴、第2轴、曲轴三者不在同一轴线上。
- 挂入挡位后齿轮啮合未达轮齿全长或自锁钢球未进入凹槽内。
- 各轴轴向间隙或径向间隙太大。
- 有多道常啮齿轮的变速器，装在第2轴上的常啮齿轮轴向间隙或径向间隙太大。
- 自锁装置凹槽、钢球磨损严重或自锁弹簧疲劳、折断。

4. 乱挡

（1）故障现象

在离合器分离彻底的情况下，挂挡挂不上或摘挡摘不下；有时要挂某挡，结果挂在其他挡位上。

（2）主要原因

- 互锁装置损坏。
- 变速杆下端长度不足、下端工作面磨损过大或变速叉轴上导块的导槽磨损过大。
- 变速杆球头定位销松旷、折断或球头、球孔磨损过大。

三、自动变速器的正确使用

1. 自动变速器变速杆的使用

（1）停车挡（P位）

当变速杆置于P位置时，自动变速器中的停车锁止机构将变速器输出轴锁止，驱动轮不能转动，以防止汽车移动，同时换挡执行机构使自动变速器处于空挡状态。当变速杆离开该位置时，停车锁止机构即被释放。通常该挡位在车辆起动或停放熄火后才可使用。

（2）倒挡（R位）

当变速杆置于R位置时，可实现汽车倒驶。

(3)空挡（N位）

当变速杆置于N位置时，换挡执行机构使自动变速器处于空挡状态。

此时，发动机的动力虽经输入轴传入自动变速器，但只能使齿轮空转，输出轴无动力输出。通常该挡位在车辆起动或短暂临时停车时才可使用。

(4)前进挡（D位）

目前，自动变速器的D位一般设置4个前进挡，其中4挡为超速挡，3挡为直接挡，2挡和1挡为减速挡。通常除了上下陡坡及冰雪泥泞路况外的绝大多数前进情况均使用该挡位。

(5)前进低挡（S位或2位，L位或1位）

前进低挡均为强制前进低挡。当变速杆置于S挡位时，只能在1~2挡自动变速；当变速杆置于L挡位时，自动变速器固定在1挡行驶。通常该挡位在上下陡坡及冰雪泥泞路况下使用，以实现发动机制动。

> ◉ 提示
>
> ● 自动变速器的P、R、N、D四个挡位的布置位置和顺序基本上都相同，但D位后的挡位布置一般因产地和车型不同而不同。如"P、R、N、D"、"P、R、N、D、S"、"P、R、N、D、S、L"、"P、R、N、D、2、L"、"P、R、N、D、3、2、1"等。以"P、R、N、D、3、2、1"为例，D位设有减1、减2、直3、超4四个挡位；3位设有减1、减2、直3三个挡位；2位设有减1、减2两个挡位；1位设有减1一个挡位。由此可知，D位涵盖3位，3位涵盖2位，2位涵盖1位，而且一般情况下，只有S位（或2位）、L位（或1位）才有发动机制动功能。同时也表明，绝大多数自动变速器不是绝对的自动，只是在某些挡位上是自动换挡的，而R位、1位只能算是手动换挡。
>
> ● D位、3位、S位和L位中1挡的固定方式不同。D位和3位中的1挡行星架的固定是靠单向离合器单向锁止的，驱动轮通过传动系统部件反过来带动发动机曲轴时，行星架会失去约束而空转起来，使得D位和3位丧失发动机制动功能；而S位或L位中的1挡行星架的固定是靠制动器双向锁止的，所以，无论发动机带动驱动轮还是驱动轮带动发动机都可以同步联动，从而实现发动机制动。
>
> ● 欧系车的自动变速器变速杆一般设有按钮（在变换变速杆位置时，必须先按下变速杆上的锁止按钮，否则无法移动变速杆），而日系车的自动变速器变速杆一般无按钮，如图4-2所示。

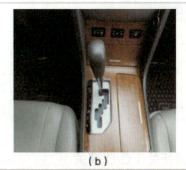

图4-2 常见自动变速器变速杆及档位

（a）欧系车变速杆；（b）日系车变速杆

2. 自动变速器控制开关的使用

（1）模式开关

大部分电子控制自动变速器都设有一个模式开关，用来选择自动变速器的控制模式（即自动变速器的换挡规律），以满足不同路况下的使用要求。常见的自动变速器的控制模式有经济、动力和标准三种模式，有些车辆还设有雪地模式（简称W模式）。图4-3所示为常见的模式开关及其布置位置。

图4-3 自动变速器挡位控制开关

1）经济模式（ECONOMY）

经济模式简称E模式，是以汽车获得最佳的燃油经济性为目标来设计换挡规律的。当自动变速器在E模式下工作时，其换挡规律能使发动机在汽车行驶过程中经常处于经济转速范围内运转，且增挡提前、减挡推迟，从而提高了燃油经济性。该模式主要用于高速公路和良好路况下的行驶。

2）动力模式（POWER）

动力模式简称P模式（有些车辆也称S模式），是以汽车获得最大的动力性为目标来设计换挡规律的。当自动变速器在P模式下工作时，其换挡规律能使发动机在汽车行驶过程中经常处于大功率范围内运转，且减挡提前、增挡推迟，从而提高了汽车的动力性能及爬坡能力。该模式主要用于山区公路和不良路况下的行驶。

3）标准模式（NORMAL）

标准模式简称N模式，其换挡规律介于经济模式和动力模式之间。它兼顾了动力性和经济性，使汽车既保证一定的动力性，又有较佳的燃油经济性，是自动变速器最常用的控制模式。

4）保持开关

日本 JATCO 公司生产的 R4A-EL 等部分电子控制自动变速器设有保持开关。该开关一般位于变速杆上（如图 4-3 所示）。若按下该开关，则自动变速器不能自动换挡，挡位完全取决于变速杆的位置，当变速杆位于 D 位、S 位、L 位时，自动变速器分别保持在 3 挡、2 挡、1 挡。在冰雪泥泞路况下，可使用该控制模式配合发动机进行辅助制动。

（2）超速挡开关（O/D 开关）

O/D 开关如图 4-4 所示，用来控制自动变速器的超速挡。当按下 O/D 开关按钮（图 4-3 中 ON 位），使 O/D OFF 灯熄灭时，表明已开启超速挡，此时车辆可按最高挡行驶；当再次按下 O/D 开关按钮（图 4-3 中 OFF 位），使 O/D OFF 灯点亮时，表明已关闭超速挡，此时车辆不能按最高挡行驶，最高只能按直接挡行驶；在解除超速挡的模式下，若 O/D OFF 灯闪烁，则表明自动变速器电控系统出现了故障，应查明原因排除故障。

图 4-4 超速挡开关及指示灯
（a）开启超速挡；（b）解除超速挡

3. 不同工况下自动变速器的使用

（1）起步及正常行驶

- 绝大部分情况下，均可选择 D 位起步；若陡坡或重载起步，则最好选择 S 位或 L 位起步。
- 在良好路面，为节省燃油，可将模式开关设置于经济模式或标准模式位置；在不良路面，为提高汽车的动力性，可将模式开关设置于动力模式位置。

（2）倒车

- 在汽车完全停稳后，将变速杆移至 R 位进行倒车。
- 在平路上倒车时，可完全放松加速踏板，用怠速缓慢倒车。
- 若倒车中要越过台阶或凸起物，应缓慢加速，越过之后要及时制动。

（3）临时停车

若停车时间较短，则可使变速杆保持在 D 位；若停车时间稍长，则最好同时使用行车制动和驻车制动；若停车时间较长，则最好把变速杆换到 N 位。

(4) 坡道行驶

● 若坡道不陡且短，则可将变速杆置于 D 位，用加速踏板或制动踏板控制上下坡车速。

● 若坡道不陡但长，则可将变速杆置于 D 位，但应将超速挡开关（O/D 开关）关闭，使车辆在 1￣3 挡换挡，稳速上下坡，避免在 3￣4 挡频繁换挡。

● 若坡道较陡，则在上下坡之前，事先将变速杆置于 S 位或 L 位，避免中途换挡，以实现发动机制动，从而使车辆安全稳定行驶。

(5) 雪地或泥泞路面行驶

在雪地或泥泞路面行驶时应将变速杆置于 W 位（若装配雪地模式），也可将变速杆置于 S 位或 L 位，以限制自动变速器的最高挡位，从而利用节气门开度控制车轮的转速，防止驱动轮打滑。

(6) 停放

踩住制动踏板使车辆停稳后，将变速杆移至停车挡位置，并拉紧驻车制动变速杆，然后熄火。

四、自动变速器使用的注意事项

1. 注意前进挡的选择及其使用方法

在车辆行进过程中，可将变速杆从 S 位或 L 位换至 D 位，但绝不可在车速较高时（时速超过 30 km/h）将变速杆从 D 位拨至 S 位或 L 位，否则会使自动变速器中的摩擦片因急剧摩擦而损坏，甚至因挡位制动（即发动机制动）而导致交通事故。

2. 注意前进挡与倒挡之间的互换

无论从前进挡换至倒挡，还是从倒挡换至前进挡，都必须待车辆停稳，先置于 N 位后（见图 4-5）进行置换，否则极易损坏自动变速器，并容易导致交通事故。

图 4-5 前进挡与倒挡之间的互换（以手自一体为例）

3. 注意停车挡的使用

在车辆行驶过程中，绝不允许使用 P 位，否则会立刻损坏自动变速器，甚至会引起车毁人亡。因此，一般手自一体自动变速器均设有防直推装置（即迂回入挡，见图 4-5）。

4. 注意锁止按钮的使用

在车辆行驶过程中，绝不允许使用该按钮（图 4-5 中圈中部分），否则会立刻损坏自动变速器，并容易导致车毁人亡。

5. 注意 S 或 L 位的发动机制动

在上下陡坡利用 S 或 L 位进行发动机制动时，必须事先选好挡位，不允许中途使用 S 位或 L 位，并合理配合加速踏板以及行车制动器和驻车制动器等控制车速。

6. 注意"怠速爬行"时间

所谓"怠速爬行"，是指利用液力变矩器的增矩作用及其固有的蠕动能力，使车辆在一般平坦道路上不给油就能行驶的一种现象。若时间过长，则会因变速器油泵速度过慢而导致油压过低，使执行器打滑，自动变速器过早损坏。

五、自动变速器的常见故障

自动变速器常见的故障主要有：汽车不能行驶、自动变速器打滑、换挡冲击大、不能升挡、升挡过迟、无前进挡、无超速挡、无倒挡、频繁跳挡、挂挡后发动机怠速易熄火、无发动机制动、不能强制降挡、无锁止、液力传动油易变质等。

1. 汽车不能行驶

（1）故障现象

- 无论变速杆位于倒挡、前进挡或前进低挡，汽车都不能行驶。
- 冷车起动后汽车能行驶一小段路程，但稍一热车就不能行驶。

（2）主要原因

- 自动变速器油底壳被撞坏，液力传动油全部漏光。
- 变速杆和手动阀摇臂之间的连杆或拉索松脱，手动阀保持在空挡或停车挡位置。

- 油泵进油滤网堵塞。
- 主油路严重泄漏。
- 油泵损坏。

2. 自动变速器打滑

（1）故障现象

- 起步时踩下加速踏板，发动机转速很快升高但车速升高缓慢。
- 行驶中踩下加速踏板加速时，发动机转速升高但车速没有很快提高。
- 平路行驶基本正常，但上坡无力，且发动机转速异常高。

（2）主要原因

- 液力传动油油面太低。
- 液力传动油油面太高，运转中被行星排剧烈搅动后产生大量气泡。
- 离合器或制动器摩擦片、制动带磨损过甚或烧焦。
- 油泵磨损过甚或主油路泄漏，造成油路油压过低。
- 单向超越离合器打滑。
- 离合器或制动器活塞密封圈损坏，导致漏油。
- 减震器活塞密封圈损坏，导致漏油。

3. 换挡冲击大

（1）故障现象

- 在起步时，由停车挡或空挡挂入倒挡或前进挡时，车辆振动比较严重。
- 行驶中，在自动变速器升挡的瞬间车辆有较明显的闯动。

（2）主要原因

- 发动机怠速过高。
- 节气门拉索或节气门位置传感器调整不当，使主油路油压过高。
- 升挡过迟。
- 真空式节气门阀的真空软管破裂或松脱（目前已基本取消）。
- 主油路调压阀有故障，使主油路油压过高。
- 减震器活塞卡住，不能起减震作用。
- 单向阀钢球漏装，换挡执行元件（离合器或制动器）接合过快。

- 换挡执行元件打滑。
- 油压电磁阀不工作。
- 电控单元有故障。

4. 不能升挡

（1）故障现象

- 汽车行驶中自动变速器始终保持在1挡，不能升入2挡及更高挡。
- 行驶中自动变速器可以升入2挡，但不能升入3挡和超速挡。

（2）主要原因

- 节气门拉索或节气门位置传感器调整不当。
- 车速传感器有故障。
- 2挡制动器或高挡离合器有故障。
- 换挡阀卡滞。
- 挡位开关有故障。

5. 升挡过迟

（1）故障现象

- 在汽车行驶中，升挡车速明显高于标准值，升挡前发动机转速偏高。
- 必须采用松加速踏板提前升挡的操作方法才能使自动变速器升入高挡或超速挡。

（2）主要原因

- 节气门拉索或节气门位置传感器调整不当。
- 节气门位置传感器损坏。
- 主油路油压或节气门油压太高。
- 强制降挡开关短路。
- 电控单元或传感器有故障。

6. 无前进挡

（1）故障现象

- 汽车倒挡行驶正常，在前进挡时不能行驶。

- 操纵杆在D位时不能起步,在S位、L位(或2位、1位)时可以起步。

(2) 主要原因

- 前进离合器严重打滑。
- 前进单向超越离合器打滑或装反。
- 前进离合器油路严重泄漏。
- 变速杆调整不当。

7. 无超速挡

(1) 故障现象

- 在汽车行驶中,车速已升高至超速挡工作范围,但自动变速器仍不能从3挡换入超速挡。
- 在车速已达到超速挡工作范围后,采用提前升挡(即松开加速踏板几秒后再踩下)的方法也不能使自动变速器升入超速挡。

(2) 主要原因

- 超速挡开关有故障。
- 超速电磁阀有故障。
- 超速制动器打滑。
- 超速行星排上的直接离合器或直接单向超越离合器卡死。
- 挡位开关有故障。
- 液压油温度传感器有故障。
- 节气门位置传感器有故障。
- 3~4换挡阀卡滞。

> 提示
>
> 对于电子控制自动变速器,应先进行故障自诊断,在进行故障的诊断和排除前先检查有无故障码。

8. 无倒挡

(1) 故障现象

汽车在前进挡能正常行驶,但在倒挡时不能行驶。

（2）主要原因

- 变速杆调整不当。
- 倒挡油路泄漏。
- 倒挡及高挡离合器或低挡及倒挡制动器打滑。

9. 频繁跳挡

（1）故障现象

汽车以前进挡行驶时，即使加速踏板保持不动，自动变速器仍会经常出现突然降挡现象；降挡后发动机转速异常升高，并产生换挡冲击。

（2）主要原因

- 节气门位置传感器有故障。
- 车速传感器有故障。
- 控制系统电路搭铁不良。
- 换挡电磁阀接触不良。
- 电控单元有故障。

10. 挂挡后发动机怠速易熄火

（1）故障现象

- 发动机怠速运转时将变速杆由 P 位或 N 位换入 R 位、D 位、S 位、L 位（或 2 位、1 位）时发动机熄火。
- 在前进挡或倒挡行驶中，踩下制动踏板停车时发动机熄火。

（2）主要原因

- 发动机怠速过低。
- 阀板中的锁止控制阀卡滞。
- 挡位开关有故障。
- 输入轴转速传感器有故障。

11. 无发动机制动

（1）故障现象

- 在行驶中，当变速杆位于前进低挡（S、L 或 2、1）位时，松开加速踏板，发动机转速降至怠速，但汽车没有明显减速。
- 下陡坡时，变速杆位于前进低挡，但不能产生发动机制动作用。

（2）主要原因

- 挡位开关调整不当。
- 变速杆调整不当。
- 2 挡强制制动器打滑或低挡及倒挡制动器打滑。
- 控制发动机制动的电磁阀有故障。
- 阀板有故障。
- 自动变速器打滑
- 电控单元有故障。

12. 不能强制降挡

（1）故障现象

当汽车以 3 挡或超速挡行驶时，突然将加速踏板踩到底，自动变速器不能立即降低一个挡位，致使汽车加速无力。

（2）主要原因

- 节气门拉索或节气门位置传感器调整不当。
- 强制降挡开关损坏或安装不当。
- 强制降挡电磁阀损坏或线路短路、断路。
- 阀板中的强制降挡控制阀卡滞。

13. 无锁止

（1）故障现象

- 汽车行驶中车速、挡位已满足锁止离合器作用的条件，但锁止离合器仍未产生锁止作用，使液力变矩器温度过高。
- 汽车油耗较大。

（2）主要原因

- 液力传动油温度传感器有故障。
- 气门位置传感器有故障。
- 锁止电磁阀有故障或线路短路、断路。
- 锁止控制阀有故障。
- 液力变矩器中的锁止离合器损坏。

14. 液力传动油易变质

（1）故障现象

- 更换后的新液力传动油使用不久即变质。
- 自动变速器温度太高，从加油口处向外冒烟。

（2）主要原因

- 汽车使用不当，经常超负荷行驶，如经常用于拖车，或经常急加速、超速行驶等。
- 液力传动油散热器管路堵塞。
- 通往液力传动油散热器的限压阀卡滞。
- 离合器或制动器自由间隙太小。
- 主油路油压太低，离合器或制动器在工作中打滑。

任务三 防抱死制动系统（ABS）的正确使用

防抱死制动系统 ABS（Anti-locked Braking System），是一种具有防滑、防锁死等功能的汽车安全控制系统。现代汽车上大量安装防抱死制动系统。ABS 既有普通制动系统的制动功能，又能防止车轮锁死，使汽车在制动状态下仍能转向，保证汽车的制动方向稳定性，防止产生侧滑和跑偏，是目前汽车上最先进、制动效果最佳的制动装置，如图 4-6 所示。

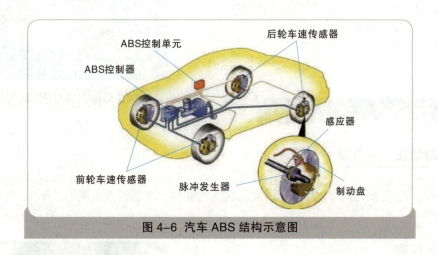

图 4-6 汽车 ABS 结构示意图

一、ABS 系统

ABS 系统主要由传感器、电子控制装置和执行器 3 部分组成。

1. 传感器

（1）车速传感器

车速传感器可以检测车速，给 ECU 提供车速信号，用于滑移率控制方式。图 4-7 所示为车速传感器大部分车型安装在变速器输出轴位置。

图 4-7 车速传感器安装位置

(2) 轮速传感器

轮速传感器可以检测车轮速度，给ECU提供轮速信号，用于各种控制方式，如图4-8所示。

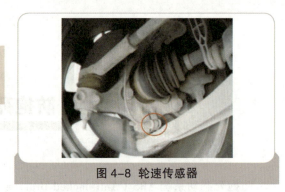

图4-8 轮速传感器

(3) 减速传感器

减速传感器可以检测制动时汽车的减速度，识别是否是冰雪等易滑路面，只用于四轮驱动控制系统，如图4-9所示。

图4-9 减速传感器（只用在四轮驱动汽车上）

2. 电子控制装置和执行器

(1) 制动压力调节器

制动压力调节器接受ECU的指令，通过电磁阀的动作实现制动系统压力的增加、保持和降低。

(2) 液压泵

液压泵受ECU控制，在可变容积式制动压力调节器的控制油路中建立控制油压；在循环式制动压力调节器调节压力降低的过程中，将由轮缸流出的制动液经蓄能器泵回主缸，以防止ABS工作时制动踏板行程发生变化。ABS液压泵如图4-10所示。

图4-10 ABS液压泵

(3) ABS警告灯

ABS出现故障时，ABS警告灯由ECU控制被点亮，向驾驶员发出报警，并由ECU控制闪烁显示故障代码，如图4-11所示。

图4-11 ABS警告灯

（4）ABS 执行器（ECU）

ABS 执行器接受车速、轮速、减速等传感器的信号，计算出车速、轮速、滑移率和车轮的减速度、加速度，并将这些信号加以分析、判别、放大，由输出级输出控制指令，控制各种执行器工作，如图 4-12 所示。

图 4-12 ABS 执行器（ECU）

二、ABS 系统的工作原理

ABS 系统主要由传感器、电子控制装置和执行器 3 部分组成。每个车轮上均装有一个车轮转速传感器。它的作用是将转速信号变换为电信号输送给控制单元。

电子控制单元根据车轮传感器送来的信号对各车轮的运动状态进行判断和监测，并形成相应的指令，控制由电磁阀总成、电动泵总成和储液器等组成的制动压力调节装置，通过制动管路对各制动轮缸实施制动压力的调节。图 4-13 所示为汽车防抱死制动系统工作原理。

ABS 原理

当踏下制动踏板时，电磁液压阀的电磁柱塞被弹簧作用于最低位置，主缸中的制动液进入电磁液压阀，并顺利进入车轮制动器液压轮缸，制动器起作用，使汽车迅速减速，这时的制动称之为常规制动，即 ABS 系统不起作用；当控制单元接收到各转速传感器传来的相当于滑移率在 15% ~ 25%

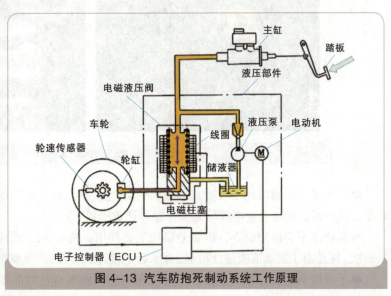

图 4-13 汽车防抱死制动系统工作原理

的信号时，ABS 控制单元给电磁阀通一小电流，使电磁阀的电磁柱塞上移，使主缸输出的制动液不再进入轮缸而使制动压力保持不变，即处于"保压"状态；当控制单元接到某一转速传感器传来的相当于滑移率超过 25% 的信号时，ABS 控制单元为电磁阀提供较大电流，使电磁柱塞进一步上移，并打开制动回路通道，部分制动液回流进入回流泵及降压器，回流泵工作将制动液输入制动主管路，即处于"减压"状态。回流泵工作压力在 22 ~ 25 MPa，这时驾驶员脚上有制动踏板反弹的感觉；当车速因制动压力减小而上升时，滑移率下降到 ABS 工作下限 15% 时，ABS 控制单元发出断电信号，电磁柱塞在弹簧力作用下下移，打开进油通道，关闭出油通道，制动压力又增大，即进行"升压"状态。如此反复，直至停车。这种压力波动式调节，每秒钟可循环 4 ~ 10 次，以保证各车轮经常处于被抱死状态边缘，从而发挥最大制动效能。

三、ABS系统的正确使用与维修注意事项

● ABS系统工作的前提是汽车的制动力大于轮胎与路面的附着力,即只有制动器制动力使制动鼓要抱死时,ABS系统才投入工作。由于在附着系数较大的路面上点刹和慢刹车,ABS系统不起作用,所以强制制动时制动踏板一定要踏到底并保持不动。

● ABS系统投入工作时,车辆停稳前有向前冲的趋势属正常现象。因在紧急刹车的后期,控制单元认为车轮要抱死,就会发出"减压"指令,汽车由于尚存的动能又向前移动一段距离,所以装有ABS系统的汽车,制动时应与前车保持足够的车距,以免撞车。

● 当ABS警告灯发出报警信号时,表明ABS电控系统存在故障,必须停止ABS系统的工作,使汽车系统恢复到无ABS时的工作状态。如果ABS系统有故障还继续工作,则控制单元可能发出对制动压力错误的调整。

● 在松散的砾石路面、松土路面或积雪很深的路面上制动时,车轮抱死更有利于汽车制动。因为松散的砾石等在汽车轮胎前形成楔形物,这样有助于汽车的制动,而ABS(ESP)系统则会阻止这种楔形物的形成。因此,一些装备ABS(ESP)系统的汽车在仪表盘上装有一个开关,以便在这种路况下关闭ABS(ESP)系统,如图4-14所示。

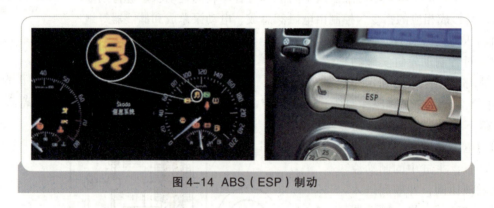

图4-14 ABS(ESP)制动

● 点火开关接通时绝不可插入或拔出ABS连接器,由于线圈的自感作用,会产生很高的瞬时电压,这样高的电压会使电控单元及传感器严重受损。

● 制动液不得混用混存,以免分层而失去作用;装有ABS的汽车,制动液每两年应该至少更换一次,这是由于制动液吸湿性很强,含水后不仅降低沸点、产生腐蚀,而且还会造成制动效能衰退。

● 不可随意更改轮胎的直径,但可在保持原厂轮胎直径的前提下,增加轮胎的宽度,因为轮胎直径改变了,就会使车轮转速的数据改变,导致ABS系统发出错误指令。

● 在进行ABS拆卸作业时,应先给系统卸压并关掉ABS控制系统的电源。因为蓄压器压力高达上百个大气压,所以如果不卸压而直接拆卸,就有可能导致高压油喷伤人。拆卸时常采用的方法是先关点火开关,反复踩制动踏板直到感觉不到助力为止。

任务四　电动汽车的使用与维护

一、纯电动汽车电池的保养

●正确掌握充电时间，一般情况下蓄电池的充电时间在十小时左右，要避免过度充电。准备出行时要提前安排好途中充电，避免行驶中电量不足，使得电瓶过度放电严重缩短其寿命。

●保护好充电器，尽量避免充电器颠簸振动。为了降低成本，现在的充电器基本上都没有做高耐振动的设计，很多充电器经过振动后，其内部的电位器会漂移，导致整个参数漂移，不能正常充电。如果一定要移动充电器，尽量用塑料泡沫包装好。另外，充电时要保证充电器的通风，否则不但影响充电器的寿命，还可能发生热漂移而影响充电状态。这些都会对电池造成损伤。

●每天都充电。即使平时行驶路程不多，也建议每天都充电，这样能使电池处于浅循环状态，增加电池的寿命。

●定期对电池进行一次深放电，"活化电池"。

●蓄电池在存放时严禁处于亏电状态。在亏电状态下存放电池，很容易出现硫酸盐化，硫酸铅结晶物附着在极板上，会堵塞电离子通道，造成充电不足，电池容量下降。亏电状态闲置时间越长，电池损坏越重。因此，电池闲置不用时，应每月补充电一次，这样能较好地保持电池健康状态。

●避免大电流放电。电动车在起步、载人、上坡时，应尽量避免猛踩加速，形成瞬间大电流放电。大电流放电容易产生硫酸铅结晶，从而损害电池极板的物理性能。

二、行驶操作

●打开低压总电源和高压总电源开关及DC开头电源。

●打开显示屏，检查管理系统对电池是否全部监控，单只电池电压是否在满电状态（最低不低于3.30 V）。

●打开钥匙至最后一挡，给气泵打气，方向助力泵工作，需注意显示屏上是否有电流显示，如果没有电流显示，则需检查DC开关是否打开。

●待气压达到8个以后，先踩刹车再松断气刹，然后再踩电门起步，严禁不松断气刹踩电门，否则会损坏控制系统。

●在行车过程中，需观察显示屏上的电流值，是否一直有电流显示，如运行中电流为0，则必须停车检查。在车辆正常行驶时，尽量全油门行驶。运行中如果路况不好，则需减速行驶，不能太颠簸。

●显示屏边有前进、后退、低速、高速等开关，需注意：起步时高低速开关必须在低速上，速度达到40码以后，松开电门，把高低速开关打到高速上再踩电门；高速变低速时，必须在速度40码以下后，方可松开电门转到低速上，严禁不松电门改变高低速；倒车入库时，前进和后退必须在车辆静止时才能转换，在车辆行驶中严禁按前进、倒退开关。

● 在车辆行驶过程中，如突然发现车辆抖动、异常声响和异常气味，则必须立即停车检查，排除故障后方可继续行驶，严禁带病行驶。严禁按错开关。

三、停车充电

● 关闭钥匙，连接充电接口，打开充电机电源和自动充电开关，在显示屏上设定电流后起动自动充电。

● 如果不能自动充电，则需手动充电，在连接充电接口后，打开车载显示屏，然后打开充电机前面板，设定最高电压 420 V，随充电机电线线径大小设定电流，最大电流 80 A，关闭前面板，打开充电机电源和手动充电；上车观察显示电流和充电机的电流是否一致，如不一致立即关闭总电源，再关闭充电机；如一致，则继续充电。当有一只电池达到 3.60 V 电压时，立即关闭总电源，关闭充电机。

四、日常维护

● 电池汽车驾驶员应该经常对动力总成进行检查：检查电池极柱螺栓是否松动，显示屏上的数据与电池实际电压是否相符，充电平衡装置是否运行正常，各控制部件是否运行正常，检查动力总成及线路与车身之间的绝缘情况是否符合技术要求。

● 驾驶员每天必须对电动汽车的打气装置、刹车装置及方向各部件例行检查，使其达到电动汽车运行规范的规定。

● 驾驶员在运行电动汽车过程中，对电门不能急踏急放和半接触状态操作，否则可能导致控制部件器件损坏。操作时电门应缓慢操作，踏下到位，放开果断。

● 在使用操作过程中，驾驶员发现有异常显示、声音、气味及误操作时，应立即关闭电源总开关，对车辆进行检查，排除故障或通知技术部门做出正确判断后并修复。

● 驾驶员起动电动汽车前检查电动汽车显示电量，判断电动汽车大概的行驶里程是否能达到所需的里程，否则应对电动汽车进行充电，以满足行驶里程。

● 当驾驶员发现电动汽车的某只电池电压低于 3.00 V 时（报警），应及时将车开回最近充电的地方对电动汽车进行充电，当某只电池电压低于 2.50 V 时，必须将该车拖回充电。

一、填空题

1. 防抱死制动系统，是一种具有_____、_____等功能的汽车安全控制系统。
2. ABS 系统主要由_____、_____和_____3 部分组成。

二、判断题

1. 现代汽车为了保证行车经济性和提高车辆的可靠性，安装了许多报警装置。（   ）
2. ABS 的作用就是有效地提高汽车制动的稳定性，防止因车轮被抱死导致的汽车侧滑、甩尾甚至调头等严重事故的发生。（   ）
3. ABS 排气时间要比普通系统短，消耗的制动液也少。（   ）
4. 当汽车需要大的驱动力时，自动变速器自动选择低挡，从而达到增速的目的。（   ）

三、选择题

1. 现代汽车为了保证行车（   ）和提高车辆的可靠性，安装了许多报警装置。
   A. 效率　　　B. 安全　　　C. 经济性　　　D. 动力性
2. 汽车后轮上的车速传感器一般固定在后车轴支架上，转子安装于（   ）。
   A. 车架　　　B. 轮毂　　　C. 驱动轴　　　D. 车轮转向架
3. 下列叙述不正确的是（   ）。
   A. 制动时，转动方向盘，会感到转向盘有轻微的振动。
   B. 制动时，制动踏板会有轻微下沉。
   C. 制动时，ABS 继电器不断地动作，这也是 ABS 正常作用的正常现象。
   D. 装有 ABS 的汽车，在制动后期，不会出现车轮抱死现象。
4. 自动变速器油泵用（   ）形式的结构。
   A. 偏心　　　B. 叶片　　　C. 齿轮　　　D. 转子式　　　E. 膜片式

课题五
汽车保养作业规范

知识目标

1. 理解6S的含义。
2. 掌握汽车维护与保养的基本维修操作含义。
3. 掌握根据车辆型号查阅有关技术资料的方法。
4. 掌握常用工具及量具的使用。

技能目标

1. 能够正确执行6S中的要求。
2. 学会使用举升机。
3. 学会使用各种工具与量具。

素养目标

1. 培养学生遵规守纪、安全环保、诚实守信的职业素养。
2. 培养学生安全、节约、环保的绿色安全意识。
3. 培养学生弘扬劳动精神、奋斗精神、奉献精神、创造精神、勤俭节约精神,培育时代新风新貌。

任务一 汽车维护与保养的基本操作

一、保养作业中的基本操作

1. 保养操作内容

定期维修时,主要检查保证车辆安全运行所必需的功能,检查按图 5-1 所示顺序进行。
- 工作检查:灯、发动机、刮水器、转向机构等。
- 目视检查:轮胎、外观等。
- 定期更换零件:发动机机油、发动机机油滤清器等。
- 紧固检查:悬架、排气管等。
- 机油和液位检查:发动机机油、动力转向液、防冻冷却液、制动液等。

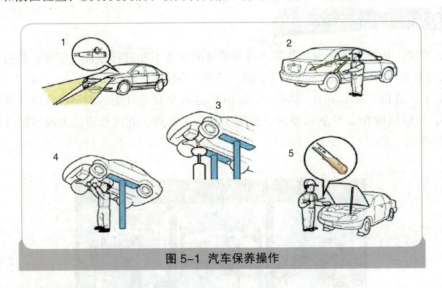

图 5-1 汽车保养操作

2. 保养操作流程及工作效率

可以通过缩短行程距离、减少走动次数、减少不合理的工作地点、减少吊升操作的次数、限制空闲时间来有效工作。汽车保养检查路线如图 5-2 所示。
- 尽可能多的将工作集中在同一地点,并一次做完。
- 车辆周围的运动路线应该始于驾驶员的座位,终于技术员围绕车辆工作一次的结束地点。
- 工具、仪器和更换部件应该提前准备好并置于易于拿取的地方。
- 站式的姿势是操作的基础,要努力尽可能地减少蹲势或弯腰。

- 限制空闲时间，把事情组合起来做，比如油的排放和发动机加热。
- 通过提高工作时的位置集中和对工作项目分类，这样能在相同位置完成的所有的工作就可以在同时间段内完成。

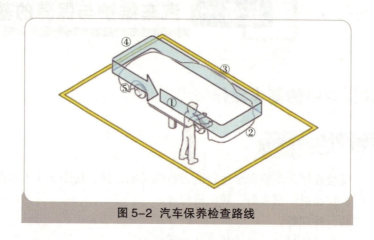

图 5-2 汽车保养检查路线

二、保养作业中的 6S 含义与 7S 的适用范围

1. 6S 管理的基本含义

所谓 6S 管理，是指对生产现场各生产要素所处的状态不断进行整理、整顿、清扫、安全、清洁及提升人的素养的活动。如图 5-3 所示，由于整理（Seiri）、整顿（Seiton）、素养（Shitsuke）、安全（Safety）、清扫（Seisou）、清洁（Seiketsu）这六个词在日语的罗马拼音或英语中的第一个字母音是 S，所以简称 6S。开展以整理、整顿、素养、安全、清扫和清洁为内容的管理活动，称为 6S 管理。

图 5-3 6S 管理的含义

(1) 整理

1) 整理的含义

整理是指区分需要与不需要的事、物，再对不需要的事、物加以处理。在现场工作中，区分需要的和不需要的工具及文件等物品对于提高工作效率是很有必要的。它是开始改善生产现场的第一步。其要点是对生产现场的现实摆放和停滞的各种物品进行分类，区分什么是现场需要的，什么是现场不需要的；其次，对于现场不需要的物品，诸如用剩的材料、多余的半成品、边角料、切屑、垃圾、废品、多余的工具、报废的设备、工人的个人生活用品等，要坚决清理出生产现场，设立不要物放置区，这项工作的重点在于坚决把现场不需要的东西清理掉。对于车间里各个工位或设备的前后、通道左右、厂房上下、工具箱内外，以及车间的各个死角，都要彻底搜寻和清理，达到现场无不用之物。

2) 整理的目的

- 腾出空间，改善和增加作业面积。
- 现场无杂物，行道通畅，提高工作效率。
- 防止误用、误送。
- 塑造清爽的工作场所，在生产现场经常会有一些残余的物料、待修品、待返品、报废品等滞留现场。这些东西既占据大量的空间又阻碍现场的生产，还有一些无法使用的工装夹具、量具、机器设备，如果不及时清理出去，长此以往会使现场变得凌乱不堪。由于这些地方往往是无人管理的死角，因此也是灰尘的堆场。如果在一些对灰尘要求相当高的企业，这将直接影响企业产品的质量。

生产现场摆放不要的物品是一种浪费，如果不要物品不经常清理，即使宽敞的工作场所也将越变越小，公司需要建各种名目的仓库，甚至要不断地扩建厂房；货架、文件柜等因被杂物占据而减少使用价值，并且增加寻找工具、零件、文件等物品的困难度，同时浪费大量的找寻时间；物品杂乱无章的摆放，增加盘点的难度甚至使盘点精度大打折扣，成本核算失准。

3) 整理的作用

- 削除资源的浪费，有利于减少库存，节约资金。
- 削除管理上的混放、混料等差错事故，有效地防止误用、误送。
- 有效地利用空间，可以使现场无杂物、通道顺畅、增大作业空间面积。
- 对物料、物品进行分类、有序的放置，减少找寻时间，提高工作效率。
- 减少碰撞，保障生产安全、提高产品质量。
- 有序的工作场所更便于管理，大大降低管理难度；使员工心情舒畅、工作热情高涨。

（2）整顿

1）整顿的含义

整顿是把需要的事、物加以定量和定位。通过整理后，对生产现场需要留下的物品进行科学合理的布置和摆放，以便最快速地取得所要之物，在最简捷、有效的规章、制度、流程下完成工作。生产现场物品的合理摆放使工作场所一目了然，整齐的工作环境有利于提高工作效率，提高产品质量，保障生产安全。

2）整顿的目的

- 工作场所清楚明了。
- 工作环境明亮、整洁。
- 消除过多的积压物品。
- 工作秩序井然。

3）整顿的作用

整顿是一种有效提高工作效率的科学。它研究怎样才能立即取得物品，以及如何立即放回原位。任意决定物品的存放会降低工作速度，大幅度增加寻找时间。我们思考分析怎样能拿取物品更快的前提是了解实施整顿工作给我们带来的好处。

整顿有以下作用：
- 提高工作效率、减少浪费和不必要的作业。
- 将寻找时间减少为零。
- 出现异常情况（如丢失、损坏）能马上发现。
- 创造一目了然的现场，非本岗位的人员也能明白要求和做法。
- 不同的人去做，结果是一样的（已经标准化了）。
- 缩短换线、换工装夹具的时间。
- 标识清楚，保障安全。

（3）素养

一个企业在推行了整理、整顿、清扫三大内容的同时，做到清洁要求的规范化、制度化，最后让企业所有的人都养成这种习惯。通过改变现场环境间接地改变人、提升人的品质。

1）素养的含义

所谓素养，是指通过培训等手段，提高全员文明礼貌水准，促使每位成员养成良好的习惯，遵守规则，并按规则去执行。6S管理始于素养，也终于素养。它的核心是提高参与者的品质。如果人的品质没有提高，6S管理将无法长期坚持下去。因此，提高素养的目的是培养拥有良好习惯、遵守规则的员工，培养文明的人，营造团队精神。

2）素养的目的

- 促使人人有礼貌、重礼节，进而形成优良风气，创造和睦的团队精神。文明礼貌的作用是巨大的，许多情况下，一个人的文明素养可以消除许多烦恼，融洽团队关系，营造良好的团队氛围。如果每一个人都主动、积极地把他责任区范围内的事情经过整理、整顿、清扫，并形成制度的话，必定能铸就一个优秀的团队。
- 让企业的每个员工，从上到下，都能严格遵守规章制度。
- 创造一个充满良好风气的工作场所。

3）素养的作用

素养是指必须制订相关的规章和制度，进行持续不断的教育培训，持续地推行5S（6S）管理中的前4S（5S），直到成为全公司员工共有的习惯。每一个人都知道整理、整顿、清扫、安全、清洁的重要性。要求每一个员工都严守标准，按照标准去作业。

一个优秀的人才，应该知道如何把东西区分为必需的和非必需的、东西取放迅速、在责任区域内应该把事情做好，并力争做到零缺点。员工素养的提高可以起到以下作用：

- 教育培训，保证人员的基本素质。
- 推动前面4S或5S，直至成为全员的习惯。
- 使员工严守标准，按标准作业。
- 形成温馨明快的工作氛围。
- 塑造优秀人才并铸造战斗型的团队。
- 提高全员文明礼貌水准。

（4）安全

1）安全的含义

所谓安全，就是通过制度和具体措施提升安全管理水平，防止灾害的发生。安全是现场管理的前提和决定因素，没有安全，一切成果都失去了意义。重视安全不但可以预防事故发生，减少不必要的损失，更是关心员工生命安全，保障员工生活幸福的人性化管理要求。安全管理的目的是加强员工的安全观念，使其具有良好的安全工作意识，更加注重安全细节管理。这样不但能够降低事故发生率，而且能提升员工的工作品质。安全仅仅靠口号和理念是远远不够的，必须有具体措施来保证实施。

2）安全管理的目的

- 保障员工的安全。
- 保证生产系统的正常运行。

- 建立系统的安全管理体制。
- 减少经济损失。

3) 安全管理的作用

- 无安全事故,生产更顺畅。
- 让员工放心地投入工作。
- 没有伤害,减少经济损失。
- 有责任有专职,一旦有灾害发生可以紧急应对。
- 管理到位,使客户对我们更信任和放心。

(5) 清扫

1) 清扫的含义

清扫是将工作场所内看得见和看不见的地方打扫干净。彻底地清扫在很大程度上可以保持设备在正常状态下运转,我们常说清扫就是点检。清扫是指清除工作内的脏污,防止脏污的发生,保持工作场所干净明亮。

2) 清扫的目的

- 提升作业质量。
- 保持良好的工作情绪,令人心情愉快。
- 保持干净亮丽的环境,创造"无尘化"车间。
- 清扫是零故障的基础工作。

3) 清扫的作用

- 提高设备性能。
- 贯彻保养计划。
- 减少设备故障。
- 提升作业质量。
- 减少脏污对产品品质的影响。
- 减少工业伤害事故。

(6) 清洁

1) 清洁的含义

清洁是在整理、整顿、清扫、安全等管理工作之后,认真维护已取得的成果,使其保持完美和最佳状态,并将整理、整顿、清扫、安全进行到底,使之制度化、标准化。因此,清洁的目的是坚持前几个管理环节的成果。

2）清洁的目的

- 通过制度化、标准化维持前面4S的结果，培养良好的工作习惯。
- 形成卓越的企业文化，提升企业形象。

3）清洁的作用

- 美化工作场所环境。
- 维持安全的工作环境。
- 增加客户的信心，创造明朗、整洁的工作现场。
- 维持已经取得的成果并持续改善的作用。

2. 7S管理的内容及适用范围

（1）7S管理的目的

- 整理的目的：增加作业面积、保持物流畅通、防止误用等。
- 整顿的目的：工作场所整洁明了，一目了然，减少取放物品的时间，提高工作效率，保持井井有条的工作秩序。
- 清扫的目的：使员工保持一个良好的工作情绪，并保证稳定产品的品质，最终达到企业生产零故障和零损耗。
- 清洁的目的：使整理、整顿和清扫工作成为一种惯例和制度，是标准化的基础，也是一个企业形成企业文化的开始。
- 素养的目的：通过素养让员工成为一个遵守规章制度，并具有一个良好工作素养习惯的人。
- 安全的目的：保障员工的人身安全，保证生产连续安全正常地进行，同时减少因安全事故带来的经济损失。
- 节约的目的：对时间、空间、能源等方面合理利用，以发挥它们的最大效能，从而创造一个高效率物尽其用的工作场所。

（2）7S的适用范围

7S适用于各企事业和服务行业的办公室、车间、仓库、宿舍和公共场所以及文件、记录、电子文档、网络等的管理。生产要素（人、机、料、法、环）的管理；公共事务、供水、供电、道路交通管理；社会道德、人员思想意识的管理。

三、汽车修理

1. 汽车修理的分类

汽车修理按作业范围可分为车辆大修、总成大修、车辆小修和零件修理。

(1)车辆大修

车辆大修是新车或经过大修后的车辆，在行驶一定里程（或时间）后，经过检测诊断和技术鉴定，用修理或更换车辆任何零部件的方法，恢复车辆的完好技术状况，完全或接近完全恢复车辆寿命的恢复性修理。

(2)总成大修

总成大修是车辆的总成经过一定使用里程（或时间）后，用修理或更换总成任何零部件（包括基础件）的方法，恢复其完好技术状况和寿命的恢复性修理。

(3)车辆小修

车辆小修是用修理或更换个别零件的方法，保证或恢复车辆工作能力的运行性修理，主要是消除车辆在运行过程或维护作业过程中发生或发现的故障或隐患。

(4)零件修理

零件修理是对因磨损、变形、损伤等而不能继续使用的零件进行修理。

运输单位和个人的运输车辆，应根据其修理作业的范围，送交通运输管理部门认定的维修企业进行修理。车辆修理必须根据国家和交通部发布的有关规定和修理技术标准进行。车辆维修企业应严格执行，以确保修理质量。交通运输管理部门应根据有关汽车修理的规定和技术标准，对车辆维修质量进行监督，以不断提高维修质量。

2. 车辆和总成大修送修标志

要确定车辆及其总成是否需要大修，必须掌握车辆和总成大修的送修标志。

(1)车辆大修送修标志

客车以车厢为主，结合发动机总成，符合大修条件；货车以发动机总成为主，结合车架总成或其他两个总成符合大修条件。

(2)挂车大修送修标志

- 挂车车架（包括转盘）和货厢符合大修条件。
- 定车牵引的半挂车和铰接式大客车，按照汽车大修的标志与牵引车同时进厂大修。

（3）总成大修送修标志

- 发动机总成。气缸磨损，圆柱度达到 0.175～0.250 mm 或圆度已达到 0.050～0.063 mm（以其中磨损量最大的一个气缸为准）；最大功率或气缸压力较标准降低 25% 以上；燃料和润滑油消耗量显著增加。
- 车架总成。车架断裂、锈蚀、弯曲、扭曲变形逾限，大部分铆钉松动或铆钉孔磨损，必须拆卸其他总成后才能进行校正、修理或重铆，方能修复。
- 变速器（分动器）总成。壳体变形、破裂、轴承承孔磨损逾限，变速齿轮及轴恶性磨损、损坏，需要彻底修复。
- 后桥（驱动桥、中桥）总成。桥壳破裂、变形，半轴套管承孔磨损逾限，减速器齿轮恶性磨损，需要校正或彻底修复。
- 前桥总成。前轴裂纹、变形，主销承孔磨损逾限，需要校正或彻底修复。
- 客车车身总成。车厢骨架断裂、锈蚀、变形严重，蒙皮破损面积较大，需要彻底修复。
- 货车车身总成。驾驶室锈蚀、变形严重、破裂，或货厢纵、横梁腐朽，底板、栏板破损面积较大，需要彻底修复。

3. 车辆和总成送修及修竣出厂的有关规定

（1）车辆和总成的送修规定

- 车辆和总成送修时，承修单位与送修单位应签订合同，商定送修要求、修理车日和质量保证等。合同签订后必须严格执行。
- 车辆送修时，应具备行驶功能，装备齐全，不得拆换。
- 总成送修时，应在装合状态，附件、零件均不得拆换和短缺。
- 肇事车辆或因特殊原因不能行驶和短缺零部件的车辆，在签订合同时，应做出相应的规定和说明。
- 车辆和总成送修时，应将车辆和总成的有关技术档案一并送承修单位。

（2）修竣车辆和总成的出厂规定

- 送修车辆和总成修竣检验合格后，承修单位应签发出厂合格证，并将技术档案、修理技术资料和合格证移交送修单位。
- 车辆或总成修竣出厂时，不论送修时的装备（附件）状况如何，均应按照有关规定配备齐全。发动机应安装限速装置。
- 接车人员应根据合同规定，就车辆或总成的技术状况和装备情况等进行验收，如发现确有不符合竣工要求的情况，承修单位应立即查明，及时处理。
- 送修单位必须严格执行车辆走合期的规定，在保证期内当修理质量发生故障或提前损坏时，承修单位应优先安排，及时排除，免费修理。如发生纠纷，则由维修管理部门组织技术分析，进行仲裁。

任务二　汽车维护常用工具及设备的使用

一、汽车维护工具的使用

1. 工具使用的基本原则

●学习每件工具和测量仪器的功能和正确用法。如果用于规定之外的用途，工具或测量仪器会损坏，而且零件也会损坏或者导致工作质量降低。

●每件工具和测量仪器都有规定的操作程序。确保在工作部件上正确使用工具，用在工具上的力要恰当，工作姿势也要正确。

●当尺寸、位置和其他条件不同时，有不同的工具可用于松开螺栓。根据零件形状和工作场地选择适合的工具。

●工具和测量仪器放在容易拿到的位置，使用后放回原来的正确位置。

●使用后立即清洗并在需要的位置涂油。

2. 开口扳手的使用

确保选择开口扳手的直径与螺栓、螺母的头部大小合适。使工具与螺栓、螺母完全配合，如图5-4所示（图中蓝色圈正确使用，红色圈错误使用，与螺母或螺栓结合时应无间隙）。

3. 梅花扳手的使用

梅花扳手用在补充拧紧或类似操作中，可以对螺栓、螺母施加大扭矩，如图5-5所示。

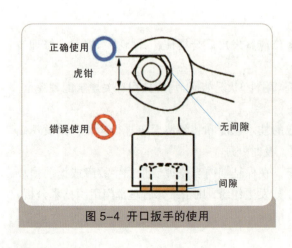

图5-4　开口扳手的使用

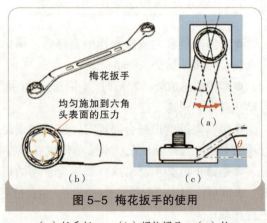

图5-5　梅花扳手的使用

（a）扳手钳口；（b）螺栓螺母；（c）轴

- 扳手钳口是双六角形,易装配螺栓、螺母,可以在一个有限空间内重新安装,如图5-5中(a)所示。
- 由于螺栓、螺母的六角形表面被包住,因此没有损坏螺栓角的危险,并可施加大扭矩,如图5-5中(b)所示。
- 由于轴是有角度的,因此可用于凹进空间或在平面上旋转螺栓、螺母,如图5-5中(c)所示。

4. 成套套筒扳手的使用

成套套筒扳手根据工作状态装上不同手柄和套筒后可以很轻松地拆下并更换螺栓、螺母。这种工具利用一套套筒扳手夹持住螺栓、螺母,将其拆下或更换,如图5-6所示。

(1) 套筒尺寸

套筒尺寸有大和小两种。大的一种可以获得比小的一种更大的扭矩。

(2) 套筒深度

套筒深度有两种类型:标准的和深的。后者比标准的深2~3倍。较深的套筒可用于螺栓突出的螺帽。

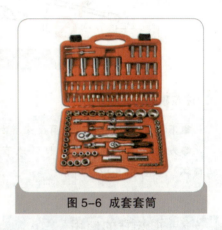

图5-6 成套套筒

(3) 钳口

钳口有两种类型:双六角形和六角形。六角部分与螺栓、螺母的表面有很大的接触面。这样不容易损坏螺栓、螺母的表面。

5. 套筒接合器的使用

套筒接合器用作一个改变套筒方形套头尺寸的连接器,如图5-7所示。图5-7(a)中棘轮扳手从上往下分别是大、中、小号棘轮扳手。图5-7(b)中1用于大棘轮扳手转小号套筒,2用于中小棘轮扳手转大号套筒,3为中套筒接合器的错误使用。

> **注意事项**
>
> 超大力矩会将负载施加在套筒本身或小螺栓上。力矩要根据规定的拧紧极限施加。

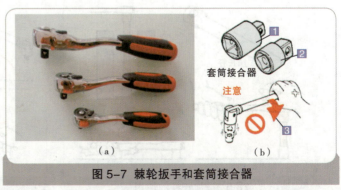

图5-7 棘轮扳手和套筒接合器

(a) 棘轮扳手;(b) 套筒接合器

6. 万向节的使用

万向节套筒的方形套头部分可以前后或左右移动。手柄和套筒扳手之间的角度可以自由变化，使其成为在有限空间内工作的有用工具，如图 5-8 所示。

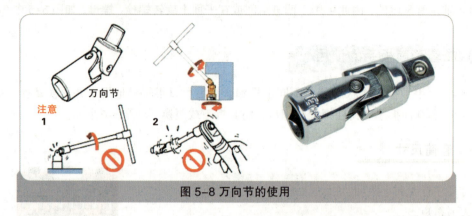

图 5-8 万向节的使用

◎ 注意事项：

- 不要使手柄倾斜较大角度来施加扭矩。如图 5-8 中 1 所示为错误操作。
- 万向节勿用于风动工具。球节由于不能吸收旋转摆动而脱开，从而造成工具、零件或车辆损坏，如图 5-8 中 2 所示。

7. 加长杆的使用

- 加长杆可以拆下和更换装得太深不易接触的螺栓或螺母，如图 5-9 所示。
- 加长杆也用于将工具抬离平面一定高度，便于使用。

8. 旋转手柄的使用

旋转手柄用于拆下和更换要求用大力矩的螺栓或螺母。套筒扳手头部可做铰式移动，这样可以调整手柄的角度，使之与套筒扳手相配合，如图 5-10 所示。

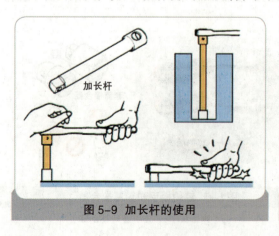

图 5-9 加长杆的使用

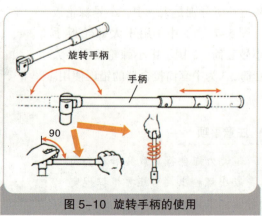

图 5-10 旋转手柄的使用

◎ 注意事项

滑移手柄,直到碰到使用前的锁紧位置。如果不在锁紧位置上,则手柄在工作时可以滑进滑出,易造成人身伤害。

9. 滑动手柄的使用

通过滑动套筒的套头部分,手柄有两种用法。如图5-11(a)所示,L形可改进扭矩,可拆装对扭矩要求比较大的螺栓或螺母。如图5-11(b)所示,T形可改进拆装螺母或螺栓的速度。

10. 棘轮扳手的使用

棘轮扳手将手柄往右转可以拧紧螺栓/螺母,往左转可以松开螺栓或螺母。

● 棘轮扳手可使螺栓或螺母单方向转动。如图5-12所示(图中1拧松,2拧紧。顺时针拧紧,逆时针拧松)。

● 棘轮扳手可以以小的回转角锁住,可以在有限的空间中工作。

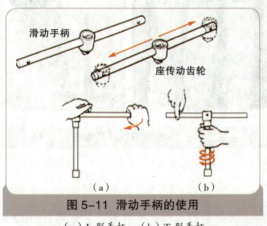

图5-11 滑动手柄的使用

(a)L形手柄;(b)T形手柄

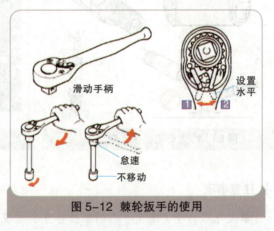

图5-12 棘轮扳手的使用

◎ 注意事项

在使用棘轮扳手时不要施加过大扭矩,这样可能损坏棘爪的结构。

11. 可调扳手(活动扳手)的使用

可调扳手适用于尺寸不规则的螺栓、螺母,如图5-13所示。

● 旋转调节螺丝改变孔径。一个可调扳手可代替多个开口扳手。

● 可调扳手不适于施加大扭矩。

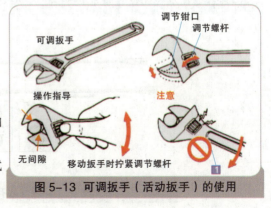

图5-13 可调扳手(活动扳手)的使用

◎ **注意事项**

调节钳口在旋转方向上转动扳手。如果不用这种方法转动扳手,压力将作用在调节螺杆上,使其损坏,如图5-13中1所示,为可调扳手的错误使用。

12. 火花塞扳手(套筒)的使用

火花塞扳手(套筒)如图5-14所示,用于拆卸及更换火花塞。

● 轿车常使用的是16 mm的火花塞套筒,面包车用的是21 mm的火花塞套筒,只有日系车用的是14 mm的长套筒,如图5-15所示。

火花塞扳手要配合火花塞尺寸正确选用。

● 火花塞扳手(套筒)内装有一块磁铁,以确保拆装火花塞时易取出火花塞,如图5-14图中2所示。

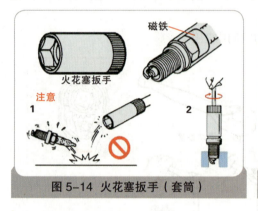

图5-14 火花塞扳手(套筒)

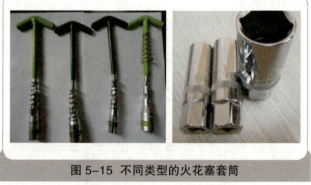

图5-15 不同类型的火花塞套筒

◎ **注意事项**

● 火花塞扳手(套筒)内的磁性可保护火花塞,使取出的火花塞不会坠落,如图5-16(a)所示。

● 为确保火花塞正确地插入,装入火花塞时应先将火花塞轻轻放入火花塞口中,然后再用火花塞扳手拧紧(参考:拧紧扭矩20~30 N·m),如图5-16(b)所示。

图5-16 磁性火花塞套筒与火花塞的拆装

(a)火花塞扳手;(b)火花塞拆装图

13. 螺钉旋具的使用

螺钉旋具用于拆卸和更换螺钉，分正负型号，取决于尖部的形状，如图5-17所示。
- 使用尺寸合适的螺钉旋具，与螺钉的槽大小合适。
- 保持螺钉旋具与螺钉尾端成直线，边用力边转动。

◎ 注意事项

切勿用鲤鱼钳或其他工具过度施加扭矩，否则可能损坏螺钉的凹槽或螺钉旋具尖头。

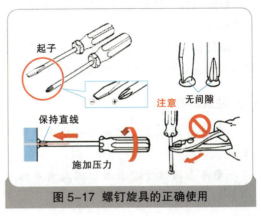

图5-17 螺钉旋具的正确使用

14. 尖嘴钳的使用

尖嘴钳用在密封的空间里操作或夹紧小零件，如图5-18所示。
- 钳子是长而细的，适于在密封空间里使用。
- 一个朝向颈部的刀片，可以切割细导线或从电线上去掉绝缘层。

◎ 注意事项

切勿对钳子头部施加过大的压力，否则易造成头部变形，不能用于精密工作。

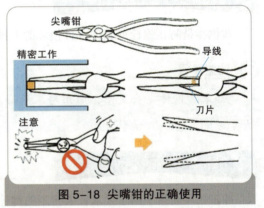

图5-18 尖嘴钳的正确使用

15. 鲤鱼钳的使用

鲤鱼钳用以夹东西，如图5-19所示。
- 改变支点上的孔的位置，使钳口打开的程度可以调节。
- 可用钳口夹紧或拉动。
- 可在颈部切断细导线。

◎ 注意事项

在用钳子夹紧前，须用防护布或其他防护罩遮盖易损坏件，如：胶管等。

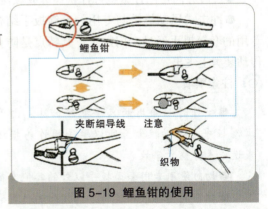

图5-19 鲤鱼钳的使用

16. 锤子（榔头）的使用

锤子通过敲击拆卸和更换零件，并且根据声音测试螺栓的松紧度。锤子分为球头销锤子、塑料锤和检修用锤三种类型，如图5-20所示。
- 球头销锤子：有铸铁头部。

- 塑料锤：带有塑料头部，用于必须避免撞坏物件的地方。
- 检修用锤：带有细长柄的小锤子，根据敲击时的声音和振动测试螺栓、螺母的松紧度。

◎ 注意事项

- 在拆卸螺丝或螺栓时不能用锤子代替扳手拆卸。
- 不能用锤子敲击发动机或者其他易损坏的部件。

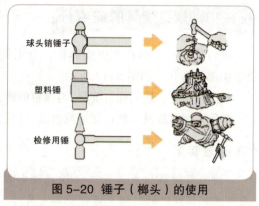

图 5-20 锤子（榔头）的使用

17. 黄铜棒的使用

黄铜棒是防止螺栓或其他部件损坏的支撑工具。

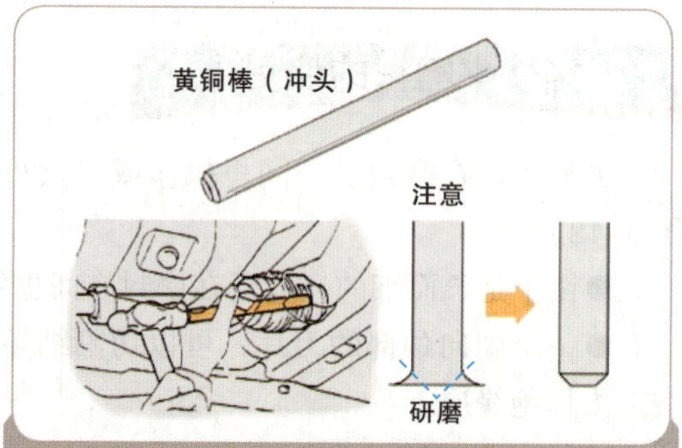

◎ 注意事项

如果黄铜棒尖头变形，则用磨床研磨，如图 5-21 所示。

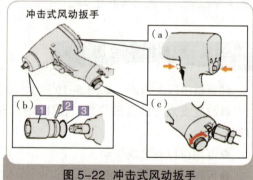

图 5-21 黄铜棒的使用

18. 冲击式风动扳手

冲击式风动扳手用于要求较大扭矩的螺栓、螺母，如图 5-22 所示。

- 扭矩可调到 4～6 级。
- 旋转方向可以拧紧也可拧松螺母或螺栓。
- 冲击式风动扳手与专用的套筒扳手结合使用。专用的套筒扳手经过专门加工。其特点是防止零件从传动装置上飞出。

◎ 注意事项

- 操作时必须用两只手握住工具。由于起动风动扳手时振动较大，所以单手操作易损坏部件或造成人身伤亡事故。
- 切勿使用专用套筒扳手以外的其他套筒扳手。
- 扭矩调整按钮和旋转方向按钮的位置和形状因制造厂不同而不同。

图 5-22 冲击式风动扳手

（a）正、反转调节开关；（b）套筒连接处；
（c）气管接口位置图

19. 扭矩扳手的使用

扭矩扳手用以拧紧螺栓、螺母，使其达到规定的扭矩。

- 预置型：通过旋转套筒可预设所要求的扭矩。当螺栓在这些条件下拧紧时，若听到咔嗒声，则表明已达到规定的扭矩，如图 5-23（a）所示。

●板簧式和标准式：转矩扳手通过弯曲梁板，借助作用到旋转手柄上的力进行操作。此梁板由钢板弹簧制成，如图5-23（a）、（b）所示。作用力可通过指针和刻度读出，以便取得规定的扭矩。

注意事项

●使用扭力扳手拧紧螺母前用其他扳手拧紧，然后用扭矩扳手预加紧到规定的扭矩。这样做的目的是提高工作效率。

●切勿用蛮力不断地给螺母或螺杆加力，否则易损坏工具或部件。

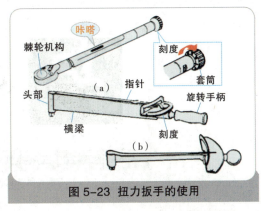

图5-23 扭力扳手的使用

（a）板簧式扭矩扳手；（b）标准式扭矩扳手

20. 机油滤清器扳手的使用

机油滤清器扳手是汽车更换机油时拆卸机油滤清器的专业工具。常见的一次性机油滤清器的直径在8 cm以上，顶部被冲压成多棱体（就像一个大螺母），拆装时需要使用专用的机油滤清器扳手。机油滤清器扳手可分为：帽式机油滤清器扳手、手铐式机油滤清器扳手、三爪式机油滤清器扳手、链条式机油滤清器扳手等。

（1）帽式机油滤清器扳手

帽式机油滤清器扳手如同一个大型套筒，多为组套形式，如图5-24（a）所示。拆卸不同车型的机油滤清器可选用不同尺寸的帽式机油滤清器扳手，图5-24（b）所示为大众奥迪、奔驰、宝马专用机油滤清器扳手。

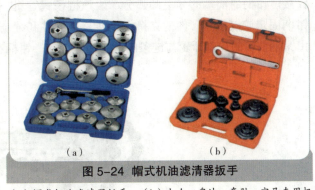

图5-24 帽式机油滤清器扳手

（a）帽式机油滤清器扳手；（b）大众、奥迪、奔驰、宝马专用机油滤清器扳手

（2）手铐式机油滤清器扳手

手铐式机油滤清器扳手如图5-25所示，为一个大小可调的环形。环形内侧为锯齿状。使用时将手铐式滤清器扳手套在机油滤清器顶部的多棱体上。大小可调的环形会根据机油滤清器的大小合适地卡在多棱体上，从而顺利地完成拆装任务。

图5-25 手铐式机油滤清器扳手

（3）三爪式机油滤清器扳手

三爪式机油滤清器扳手如图5-26所示。其内部设计有行星排传递机构，需与套筒手柄或扳

手配套使用，可根据机油滤清器的大小自动调节三爪的尺寸，从而顺利地完成机油滤清器的拆装任务。

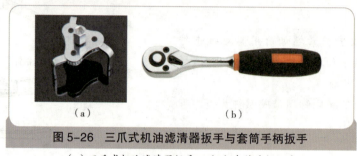

图5-26 三爪式机油滤清器扳手与套筒手柄扳手
（a）三爪式机油滤清器扳手；（b）套筒手柄扳手

（4）链条式机油滤清器扳手

链条式扳手，也称链钳，包含钳柄和一端与钳柄铰接的链条，钳柄的前端设有与链条啮合的牙，如图5-27所示。

链条通过联结板与钳柄铰接，即链条的一端与联结板的一端铰接，联结板的另一端与钳柄铰接。钳柄的前端的牙呈圆弧分布。该链条式管钳在工作时，链条的非铰接端是自由的、不与钳柄固定或铰接。管件的夹持、旋转是由管件和缠绕它的链条之间的摩擦力实现的。而扭力是由钳柄前端的局部牙轮与链条的啮合力产生的。钳柄在管件表面设有施力作用点。

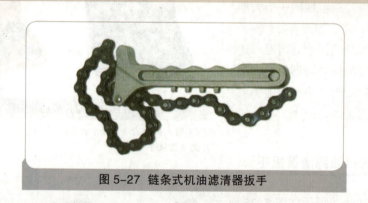

图5-27 链条式机油滤清器扳手

二、汽车维护常用测量仪器的使用

1. 游标卡尺的使用

游标卡尺是一种较精密的量具，能较精确地测量工件的长度、宽度、深度及内、外圆直径等尺寸。常用的规格有0～125 mm、0～150 mm、0～200 mm、0～300 mm、0～500 mm等。游标卡尺按精度可分为0.1 mm、0.05 mm和0.02 mm三种。

(1) 游标卡尺的构造

游标卡尺由尺身、游标、外测量爪、刀口内测量爪、深度尺、紧固螺钉等部分组成,如图 5-28 所示。

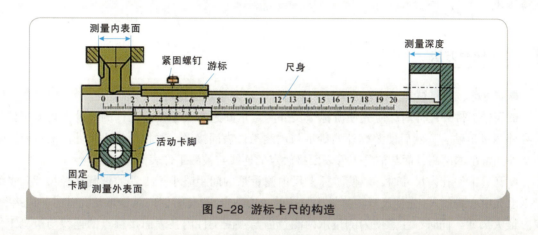

图 5-28 游标卡尺的构造

内、外固定测量爪与尺身制成一体；内、外径活动测量爪和深度尺与游标制成一体,并可在尺身上滑动。尺身上的刻度为每格 1mm,游标上的刻度每格不足 1mm。当内、外测量爪合拢时,尺身与游标上的零线重合；在内、外测量爪分开时,尺身与游标上的刻线相对错动。测量时,根据尺身与游标错动情况可在尺身上读出整数毫米数,在游标上读出小数毫米数。为了使测好的尺寸不再变动,可拧紧紧固螺钉使游标不再滑动。

(2) 读数方法

以精度为 0.1 mm 的游标卡尺为例,其刻线原理是：尺身 1 格 =1.0 mm,游标 1 格 =0.9 mm,共 10 格,尺身、游标每格之差 =（1.0-0.9）mm=0.1 mm,如图 5-29 所示。

精度为 0.05 mm 的游标卡尺,其尺身 1 格 =1.0 mm,游标 1 格 =0.95 mm,共 20 格,尺身、游标每格之差 =（1.0-0.95）mm=0.05 mm。

精度为 0.02 mm 的游标卡尺,其尺身 1 格 =1.00 mm,游标 1 格 =0.98 mm,共 50 格,尺身、游标每格之差 =（1.00-0.98）mm=0.02 mm。

读数方法是：读数 = 游标零刻线指示的尺身整数 + 游标与尺身重合线数 × 精度值。如图 5-30 所示,读数 =（90+4×0.1）mm=90.4 mm。其余两精度的游标卡尺读数方法一样。

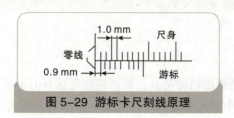

图 5-29 游标卡尺刻线原理

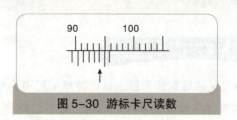

图 5-30 游标卡尺读数

◎ **注意**

有的同学在读数时找不出游标与尺身重合的线,总发现多多少少有一些错位,其实绝对重合的两条线是不存在的,我们只需找出最近似重合的那两条线即可,图5-30中,游标与尺身上的线几乎都不重合,但找出最近似重合的线即箭头所指的线就可以了。读数的小数点后只有两位,无须估读。

(3) 使用方法

● 测量前,应将被测工件表面擦净,使游标卡尺测量爪保持清洁。

● 测量工件外尺寸时,应先使游标卡尺外测量爪间距略大于被测工件的尺寸,再使工件与尺身外测量爪贴合,然后使游标外测量爪与被测工件表面接触,并找出最小尺寸。测量时,要注意外测量爪的两测量面与被测工件表面接触点的连线与被测工件表面垂直。

● 测量工件孔内尺寸时,应使游标卡尺内测量爪的间距略小于工件的被测孔径尺寸。将测量爪沿孔中心线放入,先使尺身内测量爪与孔壁一边贴合,再使游标内测量爪与孔壁另一边接触,找出最大尺寸。同时,注意使内测量爪两测量面与被测工件内孔表面接触点的连线与被测工件内表面垂直。

● 用游标卡尺的深度尺测量工件深度尺寸时,要使卡尺端面与被测工件的顶端平面贴合。同时,保持深度尺与该平面垂直。

(4) 注意事项

● 检查零线。使用前,应先擦净卡尺,合拢测量爪,检查尺身与游标的零线是否对齐。如未对齐应记下误差值,以便测量后修正读数。

● 放正卡尺。测量内、外圆时,卡尺应垂直于轴线;测量内圆时,应使两测量爪处于直径处。

● 用力适当。测量爪与测量面接触时,用力不宜过大,以免测量爪变形和磨损,导致读数误差大。

● 视线垂直。读数时,视线要对准所读刻线并垂直尺面;否则,读数也会产生误差。

● 防止松动。取出卡尺时,应使固定测量爪紧贴工件,轻取出,防止活动测量爪移动。

● 勿测毛面。卡尺属于精密量具,不得用来测量毛坯表面。

● 游标卡尺不能测量旋转中的工件。禁止把游标卡尺的两个测量爪当作扳手或刻线工具使用。

● 游标卡尺受到损伤后,不能用锤子、锉刀等工具自行修理,应交专门修理部门修理,经检定合格后才能再次使用。

2. 千分尺的使用

千分尺又称螺旋测微器,是比游标卡尺更为精确的精密量具,测量精度可达 0.01 mm。按其用途的不同可分为外径千分尺、内径千分尺、深度千分尺和螺纹千分尺等。本书只介绍常用的外径千分尺的构造和使用。

（1）外径千分尺的构造

外径千分尺是用来测量工件外部尺寸的。图 5-31 所示为外径千分尺的结构。其测量范围分为 0～25 mm、25～50 mm、50～75 mm、75～100 mm、100～125 mm 等多种。它由测砧、测微螺杆、固定套管、微分筒、调节螺母、止动旋扭等组成。

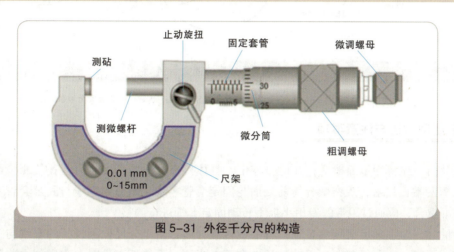

图 5-31 外径千分尺的构造

（2）刻线原理

千分尺是利用螺旋副传动原理，借助螺杆与螺纹轴套的精密配合，将回转运动变为直线运动，以固定套管和微分筒（相当于游标卡尺的尺身和游标）所组成的读数机构，可读得被测工件尺寸。

固定套管外面有尺寸刻线，上、下刻线每 1 格为 1 mm，相邻刻线间距离为 0.5 mm。测微螺杆后端有精密螺纹，螺距是 0.5 mm。当微分筒旋转一周时，测微螺杆和微分筒一同前进（或后退）0.5 mm，同时，微分筒遮住（或露出）固定套管上的 1 条刻线。在微分筒圆锥面上，一周等分成 50 条刻线，当微分筒旋转一格（即一周的 1/50）时，测微螺杆移动 0.01 mm，故千分尺的测量精度为 0.01 mm。

（3）读数方法

●先读固定套管上的毫米数和半毫米数。
●再看微分筒上第几条刻线与固定套管的基线对正，即有几个 0.01 mm。注意此处需要估读一位，即小数点后有三位。
●将两个读数值相加就是被测量工件的尺寸值。

在图 5-32（a）中，固定套管上露出来的数值是 7.50 mm，微分筒上第 38 格线和第 39 格线间的某一点与固定套管上基线正对齐，即数值为 0.384 mm，此时，千分尺的正确读数为 7.50 mm+0.384 mm=7.884 mm。

在图 5-32（b）、（c）中，千分尺的正确读数分别为 7.50 mm+0.350 mm=7.850 mm 和 0.50 mm+0.100 mm=0.600 mm。

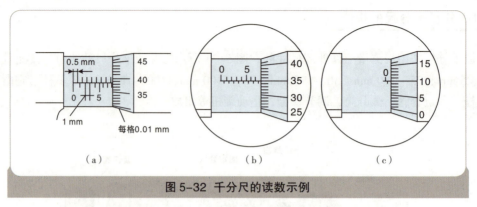

图 5-32 千分尺的读数示例

（a）正确读数为 7.884 mm；（b）正确读数为 7.850 mm；（c）正确读数为 0.600 mm

（4）使用方法与注意事项

● 测量前，先将测量面擦净，并检查零位。具体检查方法是：用测力装置使测量面或测量面与标准棒两端面接触，观察微分筒前端面与固定套管零线、微分筒零线与固定套管基线是否重合。如不重合，应通过附带的专用小扳手转动固定套管进行调整。

● 测量时，左手拿尺架隔热装置，右手旋转微分筒，使千分尺微测螺杆的轴线与工件的中心线垂直或平行，不得倾斜。用手转动活动套管，当测量面接近工件时，改用测力装置的螺母转动，当听到"咔咔"响声时，表示测微螺杆与工件接触力适当，应停止转动，利用锁紧装置锁紧，此刻严禁拧动微分筒，否则造成测量不准确。此时千分尺上的读数值就是工件的尺寸。为防止一次测量不准，可松开锁紧装置、旋松棘轮，再进行多次复查，以求得测量值的准确性。

● 读数要细心，必要时可锁紧后取下千分尺，读出测量的数值。要特别注意，不要读错。

● 不准测量毛坯或表面粗糙的工件，不准测量正在旋转或温度较高的工件，以免损伤测量面或得不到正确的读数。

● 千分尺应保持清洁，用后要擦净涂油，并妥善保管。

3. 百分表的使用

（1）结构特点

百分表是一种精度较高的齿轮传动式测微量具，如图 5-33 所示。它利用齿轮齿条传动机构将测杆的直线移动转变为指针的转动，由指针指出测杆的移动距离。因百分表只有一个测量头，所以只能测出工件的相对数值。百分表主要用来测量机器零件的各种几何形状偏差和表面相互位置偏差（如平面度、垂直度、圆度和跳动量），可测量工件的长度尺寸，也常用于工件的精密找正。它具有尺寸小、质量小、使用方便等特点。

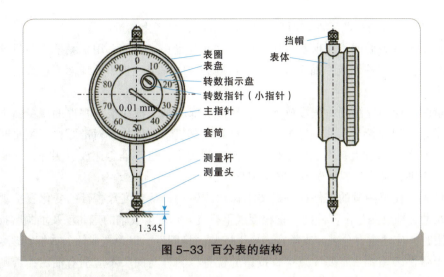

图 5-33 百分表的结构

（2）工作原理与读数方法

百分表工作原理是将测杆的直线位移经过齿条与齿轮传动转变为指针的角位移。百分表的刻度盘圆周刻成 100 等份，其分度值为 0.01 mm。主指针转动 1 周，测杆的位移量为 1 mm；主指针转一格，测杆的位移量为 0.01 mm，此时读数为 0.01 mm。表圈和表盘是一体的，可任意转动，以便使指针对正零位。小指针用以指示大指针的回转圈数。常见百分表的测量范围为 0～3 mm、0～5 mm 和 0～10 mm 等。

（3）使用方法与注意事项

● 使用磁性表作百分表测量工件时，必须将其固定在可靠的支架上，如图 5-34 所示。
● 百分表的夹装要牢固，夹紧力应适当，不宜过大，以免装夹套筒变形，卡住测杆。
● 夹装后应检查测杆是否灵活，夹紧后不可再转动百分表。

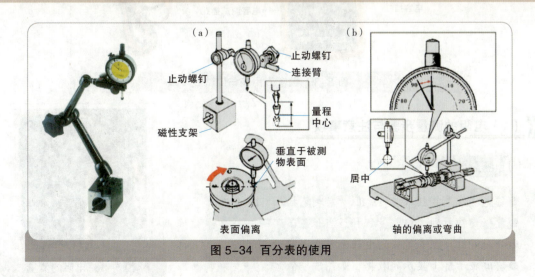

图 5-34 百分表的使用

- 测量时，测杆与被测工件表面必须垂直，否则，会产生测量误差。
- 按被测工件表面的不同形状选用相应形状的测量头。例如，用平测量头测量球面工件，用球面测量头测量圆柱形或平面工件，用尖测量头或曲率半径很小的球面测量头测量凹面或形状复杂的表面。
- 测量时，应轻提测杆，缓慢放下，使量杆端部的测头抵在被测零件的测量面上，并要有一定的压缩量，以保持测头有一定的压力；再转动刻度盘，使指针对准零位。测量时，应注意不能使测头移动距离过大，不准将工件强行推至测头下，也不准急速放下测杆，使测头落到零件表面上；否则，将造成测量误差，甚至损坏百分表。
- 测量时，使被测量的零件按一定要求移动或转动，从刻度盘指针的变化直接观察被测零件的偏差尺寸，即可测量出零件的平整程度或平行度、垂直度或轴的弯曲度及轴颈磨损程度等。
- 使用时，应注意百分表与支架在表座上安装的稳固性，以免造成倾斜或摆动现象。
- 对于磁性表座，一定要注意检查按钮的位置，测杆与测头不应沾有油污；否则，会降低其灵敏性。使用后，应将百分表从支架上拆下，擦拭干净，然后涂油装入盒子，并妥善保管。

4. 万用表的使用

数字万用表是一种多用途的电子测量仪器，在电子线路等实际操作中有着重要的用途。它不仅可以测量电阻还可以测量电流、电压、电容、二极管、三极管等电子元件和电路。数字万用表与测试线如图 5-35 所示。

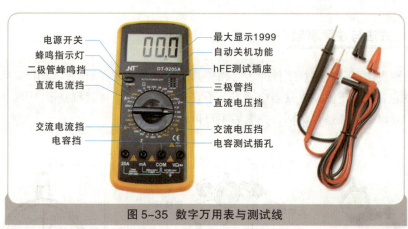

图 5-35 数字万用表与测试线

（1）电阻的测量步骤与注意事项

1）测量步骤

- 首先将红表笔插入 V/Ω 孔，黑表笔插入 COM 孔。
- 量程旋钮打到"Ω"量程挡适当位置。
- 分别用红、黑表笔接到电阻两端金属部分。
- 读出显示屏上显示的数据，如图 5-36 所示。

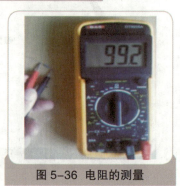

图 5-36 电阻的测量

2) 注意事项

- 量程的选择和转换。量程选小了显示屏上会显示"1",此时应换用较大的量程;反之,量程选大了,显示屏上会显示一个接近于"0"的数,此时应换用较小的量程。
- 读数。显示屏上显示的数字加上边挡位选择的单位就是它的读数。要提醒的是在"200"挡时单位是"Ω",在"2 ~ 200 k"挡时单位是"kΩ",在"2 ~ 2 000 M"挡时单位是"MΩ"。
- 如果被测电阻值超出所选择量程的最大值,则显示过量程"1",此时应选择更高的量程,对于大于1 MΩ或更高的电阻,要几秒钟后读数才能稳定,属于正常。
- 当没有连接好时,例如开路情况,仪表显示为"1"。
- 当检查被测线路的阻抗时,要保证移开被测线路中的所有电源,所有电容放电。被测线路中,如有电源和储能元件,会影响线路阻抗测试正确性。
- 万用表的200 MΩ挡位短路时,后位数字会显示1.0,测量一个电阻时,应从测量读数中减去后位数字1.0。如测一个电阻时,显示为101.0,应从101.0中减去后位数字1.0,被测元件的实际阻值为100.0,即100 MΩ。

(2) 直流电压的测量步骤与注意事项

1) 测量步骤

- 红表笔插入V/Ω孔。
- 黑表笔插入COM孔。
- 量程旋钮打到V-(直流电压)挡位置。
- 读出显示屏上显示的数据,如图5-37所示。

图5-37 直流电压的测量

2) 注意事项

- 把旋钮选到比估计值大的量程挡(注意:直流挡是V-,交流挡是V~),接着把表笔接电源或电池两端;保持接触稳定。数值可以直接从显示屏上读取。
- 若显示为"1",则表明量程太小,需要加大量程后再测量。
- 若在数值左边出现"-",则表明表笔极性与实际电源极性相反,此时红表笔接的是负极。

(3) 交流电压的测量步骤与注意事项

1) 测量步骤

- 红表笔插入V/Ω孔。
- 黑表笔插入COM孔。
- 量程旋钮打到V-(交流电压)挡位置。
- 读出显示屏上显示的数据,如图5-38所示。

图5-38 交流电压的测量

2)注意事项

- 表笔插孔与直流电压的测量一样,不过应该将旋钮打到交流挡"V~"处所需的量程。
- 交流电压无正负之分,测量方法同前面。
- 无论测交流电压还是直流电压,都要注意人身安全,不要随便用手触摸表笔的金属部分。

(4) 直流电流的测量步骤与注意事项

1)测量步骤

- 断开电路。
- 黑表笔插入 COM 端口,红表笔插入 mA 或者 20 A 端口。
- 功能旋转开关打至 A-(直流电流)挡,并选择合适的量程。
- 断开被测线路,将数字万用表串联入被测线路,被测线路中电流从一端流入红表笔,经万用表黑表笔流出,再流入被测线路。
- 接通电路,读出 LCD 显示屏数字,如图 5-39 所示。

图 5-39 直流电流的测量

2)注意事项

- 估计电路中电流的大小。若测量大于 200 mA 的电流,则将红表笔插入"10 A"插孔并将旋钮打到直流"10 A"挡;若测量小于 200 mA 的电流,则将红表笔插入"200 mA"插孔,将旋钮打到直流 200 mA 以内的合适量程。
- 将万用表串联入电路,保持稳定,即可读数。若显示为"1",则需要加大量程;如果在数值左边出现"-",则表明电流从黑表笔流进万用表。

(5) 交流电流的测量步骤与注意事项

1)测量步骤

- 断开电路。
- 黑表笔插入 COM 端口,红表笔插入 mA 或者 20 A 端口。
- 功能旋转开关打至 A~(交流)或 A-(直流),并选择合适的量程。
- 断开被测线路,将数字万用表串联入被测线路,被测线路中电流从一端流入红表笔,经万用表黑表笔流出,再流入被测线路中。
- 接通电路,读出 LCD 显示屏数字,如图 5-40 所示。

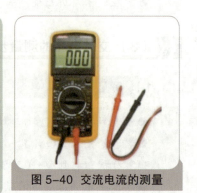

图 5-40 交流电流的测量

2) 注意事项

- 测量方法与直流电流相同，不过挡位应该打到交流挡位。
- 电流测量完毕后应将红笔插回 "V/Ω" 孔，否则易损坏万用表。如果使用前不知道被测电流范围，则将功能开关置于最大量程并逐渐下降。
- 如果显示器只显示 "1"，表示过量程，则功能开关应置于更高量程。
- 如果最大输入电流为 200 mA，则过量的电流将烧坏熔断丝，应再更换。20 A 量程无熔断丝保护，测量时间不能超过 15 s。

(6) 电容的测量步骤与注意事项

1) 测量步骤

- 将电容两端短接，对电容进行放电，确保数字万用表的安全。
- 将功能旋转开关打至电容 "F" 测量挡，并选择合适的量程。
- 将电容插入万用表 CX 插孔。
- 读出 LCD 显示屏上数字，如图 5-41 所示。

图 5-41 电容的测量

2) 注意事项

- 测量前电容需要放电，否则容易损坏万用表。
- 测量后也要放电，避免埋下安全隐患。
- 仪器本身已对电容挡设置了保护，故在电容测试过程中不用考虑极性及电容充放电等情况。
- 测量电容时，将电容插入专用的电容测试座中（不要插入表笔插孔 COM、V/Ω）。
- 测量大电容时稳定读数需要一定的时间。
- 电容的单位换算：$1\mu F=10^6 pF$、$1\mu F=10^3 nF$。

(7) 二极管的测量步骤与注意事项

1) 测量步骤

- 红表笔插入 V/Ω 孔，黑表笔插入 COM 孔。
- 转盘打在（⟶|⟵）挡。
- 判断正负，红表笔接二极管正，黑表笔接二极管负。
  （ +⟶|⟵ - ）如图 5-42 所示。
- 读出 LCD 显示屏上数据。
- 两表笔换位，若显示屏上为 "1"，则正常；否则，此管被击穿。

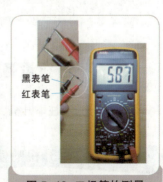

图 5-42 二极管的测量

2）注意事项

二极管正负好坏判断。红表笔插入V/Ω孔，黑表笔插入COM孔，转盘打在（▷|）挡。然后颠倒表笔再测一次。测量结果如下：如果两次测量的结果是：一次显示"1"字样，另一次显示零点几的数字，那么此二极管是一个正常的二极管；假如两次显示都相同的话，那么此二极管已经损坏，LCD上显示的一个数字即是二极管的正向压降：硅材料为0.6 V左右；锗材料为0.2 V左右，根据二极管的特性，可以判断此时红表笔接的是二极管的正极，而黑表笔接的是二极管的负极。

（8）三极管的测量步骤与注意事项

1）测量步骤

- 红表笔插入V/Ω孔，黑表笔插入COM孔。
- 转盘打在（▷|）挡。
- 找出三极管的基极b。
- 判断三极管的类型（PNP或者NPN）。
- 转盘打在HFE挡。
- 根据类型插入PNP或NPN插孔测β。
- 读出显示屏中β值，如图5-43所示。

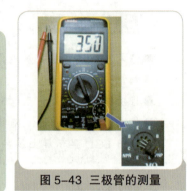

图5-43 三极管的测量

2）注意事项

- e、b、c管脚的判定：表笔插位同上；其原理同二极管。先假定A脚为基极，用黑表笔与该脚相接，红表笔与其他两脚分别接触；若两次读数均为0.7 V左右，则用红笔接A脚，黑笔接触其他两脚，若均显示"1"，则A脚为基极，否则需要重新测量，且此管为PNP管。
- 集电极和发射极如何判断？利用"HFE"挡判断：先将挡位打到"HFE"挡，可以看到挡位旁有一排小插孔，分为PNP和NPN管的测量。前面已经判断出管型，将基极插入对应管型"b"孔，其余两脚分别插入"c""e"孔，此时可以读取数值，即β值；再固定基极，其余两脚对调；比较两次读数，读数较大的管脚位置与表面"c""e"相对应。

三、举升机设备的使用

举升机分为双柱举升机、四柱举升机和剪式举升机。

1. 双柱举升机的使用方法

双柱举升机的使用方法如图5-44所示。

举升机操作规程

图 5-44 双柱举升机

(1) 操作使用要求

- 举升臂应尽量缩到最小长度，举升胶垫应放在车辆推荐举升部位下面的中部，并调节举升胶垫以便均匀接触。
- 先将举升臂升至举升胶垫完全接触车辆，检查是否已牢固负载。
- 缓慢将车辆从地面升起，确保平衡负载，再举升至所需工作高度。
- 放开上升按钮，将车辆降低至安全保险位置，即可进行维修工作。
- 放下车辆前应先举升车辆，将安全保险打开，再按下降按钮使车辆缓慢下降至举升臂最低为止，移开举升臂，驶出车辆。

(2) 维护要求（每月）

- 检查并重新拧紧地脚螺钉。
- 用喷雾润滑剂润滑链条/缆索。
- 检查所有的链条、连接器、螺栓和销，确保可靠牢固。
- 目测检查所有的液压油管路可能出现的磨损情况。
- 检查立柱内侧的滑块运动是否正确润滑。及时补充高质量的重润滑油脂。所有的地脚螺钉都应该完全拧紧。如果有螺钉因故不起作用的话，则提升机不可使用，直至重新更换螺栓。

(3) 每六个月进行维护项目

- 对所有运动部件可能发生的磨损进行目测检查。
- 检查所有滑轮的润滑情况。如果滑轮在升降期间出现拖动现象，则要对轮轴添加适量润滑油。
- 检查并调节平衡缆索的张力，以确保提升机的水平升降。
- 检查柱体的垂直度。各个立柱内角应用重润滑油润滑，以便将滑块的摩擦减少到最低限度，以保证举升机的平滑、均匀提升。

2. 四柱举升机使用方法及注意事项

四柱举升机如图5-45所示。

图5-45 四柱举升机

(1) 四柱举升机使用方法

①每次使用前必须进行如下操作：
● 按说明书对有关部位进行日常检查。
● 检查液压油油箱的油位是否正常。

②每次使用前必须进行空载试车，按下述程序进行：
● 接通电源开关。
● 按上升按钮，工作平台应能正常上升。松开按钮，工作平台应能可靠停止。
● 上升到一定高度后停止，将工作平台挂钩挂上，此时四个挂钩必须能可靠地挂在立柱内的挂板上。
● 转动换向阀供气时，四个挂钩应能完全脱离挂板。
● 按下降按钮，工作平台应以正常速度下降；松开下降按钮，工作平台应能可靠停止。

③举升机的负载作业：
● 将汽车驶上工作平台后，拉紧刹车手闸，驾驶员撤离工作平台。
● 将防滑支座可靠地垫在汽车轮胎的前后方。
● 不供气状态下，按上升按钮，将工作平台升至所需的高度。
● 点动下降按钮，使四个挂钩均可靠地支承在挂板上，此时可进入工作区进行维修或调整作业。
● 修理或调整工作完毕后，点动上升按钮，将换向阀转至供气位置，使四个挂钩脱离挂板；按下降按钮，工作平台下降。
● 工作平台降至下极限位置时，撤去防滑支座，将汽车驶离工作平台。

(2) 四柱举升机使用注意事项

● 应设专人操作、保养、维修举升机设备，禁止未阅读过说明书及无操作资格的人员擅自开动举升机。

- 汽车停放的位置应使其重心接近工作平台的重心。
- 严禁超载运行。
- 工作平台升降过程中，任何人员不得滞留于工作平台上面或下面。
- 禁止在故障情况下运行。
- 只有在确定四个安全挂钩挂上后，人员方可进入工作区。
- 在工作平台停留的汽车必须拉紧手闸及垫好防滑支座。
- 举升机不使用时应下降至最低位置，并切断电源。
- 举升机使用一段时间后，钢丝绳会被不同程度地拉长，以致引起工作平台不平及四个挂钩不能同步挂上。此时应及时调整钢丝绳的长度。
- 应严格按说明书对机器进行维护及检修。

1）钢丝绳

- 日常检查：应每天进行一次，检查钢丝绳的固定处以及钢丝绳的可见部位。
- 定期检查：每周至少一次，由主管人员进行。

检查绳的全长：绳的固定部位；绳绕过滑轮的部位；绳端固定装置；绳与其固定装置的滑动情况；绳的断丝及腐蚀情况。

有下列情况之一时，钢丝绳应报废：

- 在72 mm长度内，外部断丝超过9根或350 mm长度内超过19根时。
- 当出现断丝聚集在同一绳股或集中在很短的范围内时。
- 整根绳股出现断裂时。
- 由于磨损，钢丝绳外径的减少量超过7%时，以及钢丝绳内部有明显磨损时。
- 当钢丝绳其他处损坏，例如内部腐蚀，钢丝绳变形，绳芯损坏时。

2）液压箱

- 液压箱油位：每次应通过油标检查油位，油位低于油标时应及时加入30号液压油，加油时，可将油箱油塞卸下，通过油箱口加油，油位应在工作平台处于最低位置时检查。
- 液压油的更换：设备启用三个月后换一次，以后每年换油一次，换油时，先将油箱清洗干净，再注入30号液压油。
- 安全阀的设定压力：每年检查一次，可将油箱阀座上的螺塞拧下，装上压力表观察，调整好后将安全阀锁紧。

3. 剪式举升机使用方法及注意事项

剪式举升机如图5-46所示。

图 5-46 剪式举升机

● 工作前,排除机器周围和下方的障碍物。
● 升降时,举升机规定区域和机器上下方以及平台上的车辆内不能有人。
● 不能举升超过本机举升能力范围的车辆或其他货物。
● 举升时,应在车辆底盘下方垫上胶垫。
● 升降过程中随时观察举升机平台是否同步,如发现异常,应及时停机,检查并排除故障后方能投入使用。
● 下降操作时,先将举升平台上升一点,注意观察两保险爪与保险齿间是否完全脱开,否则停止下降。
● 机器长期不用时,平台应降到最低位置,并驶走车辆,切断电源。

任务三　汽车维护中作业要求及安全防护

一、汽车维护中的作业要求

- 工作场所、车辆旁、工作台、通道应经常保持整洁，做到文明生产。
- 工作时要集中精神，不准说笑、打闹。
- 用千斤顶进行底盘作业时，必须选择平坦、坚实的场地，并用三角木将前、后轮塞稳，然后用安全凳将汽车支撑稳固，严禁操作人员单纯用千斤顶顶起车辆在车底作业。
- 进行发动机起动检验前，应检查各部件装配是否正确，是否按规定加足润滑油、冷却水，置变速器于空挡，轻点起动马达进行试运转。
- 发动机过热时，不得打开水箱盖，谨防沸水烫伤。
- 操作旋转的工具或者在有旋转工具的地方工作时，不能戴手套。
- 紧固螺丝时要按照厂家规定的力矩进行操作，防止螺丝松动或损坏零件。
- 拆装零件时要使用合适的工具，需使用专用工具的地方必须使用专用工具。
- 一些零件在装配时有特殊技术要求的，安装后必须对其进行严格检测。
- 维修保养后需对发动机进行起动试车或者上路试车，在确定达到要求后方可交车。
- 汽车技术档案的记录资料一般包括车辆运行记录、维修记录、检测记录、总成维修记录等。
- 对车辆进行检查时要遵循 PDS 三道工序，即验证车辆的状态、将车辆恢复到工作状态和汽车性能的检查。

二、汽车维护中的安全防护

汽车维护与保养作业时，必须严格遵守安全操作规程，否则会造成设备的损坏和人员伤亡事故。我们应经常对维护与保养作业人员进行安全教育，使其养成良好的安全作业习惯。

1. 维护作业自身的安全要求

- 工作时必须按规定着装，不准裸露身体进行作业。
- 不准赤脚或穿拖鞋、高跟鞋和裙子上班。留长发者要戴工作帽。
- 工作时要集中精神，不准说笑、打闹。

2. 维护作业操作的安全要求

- 工作场所禁止吸烟。

- 使用一切机械工具及电气设备时,必须遵守其安全操作规程。
- 在修理作业及用汽油清洁零件时,不准在车间内烧烘火花塞或点燃喷灯等。
- 地面指挥车辆行驶、移位时,不得站在车辆正前方与后方,并注意周围障碍物。
- 未经领导批准,非操作者不得随便使用机床等设备。
- 经维护后可能造成汽车不安全的因素要及时消除。例如,换刹车片后要踩几脚刹车,以免造成汽车开出去后前几脚没有刹车效果等。

任务四　汽车维护的主要项目

一、汽车定期维护的主要检查项目

- 工作检查：车灯、发动机、刮水器、转向机构等。
- 目视检查：轮胎、外观等。
- 定期更换零件：机油、机油滤清器等。
- 紧固检查：悬架、排气管等。
- 机油和液位检查：机油、动力转向液、防冻冷却液、制动液等。

二、汽车维护操作工艺安排原则

- 将尽可能多的工作集中于同一地点并一次做完。
- 车辆周围的运动路线应该始于驾驶员的座位，终于操作人员围绕车辆工作一次结束的地点。
- 工具、仪器和更换部件应该提前准备好，并置于方便拿取的地方。
- 因为站立的姿势是操作的基础，所以要努力尽可能减少蹲式或弯腰。
- 限制空闲时间，把事情组合起来做，如油的排放和发动机加热。

思考与练习

一、填空题

1. 6S 内容有哪些_____、_____、_____、_____、_____、_____。

2. 除_____外,其他扳手都不能装加力杆。

3. 使用螺丝刀时应_____顶在螺丝钉的头部上,一边顶压着一边转动螺钉旋具。

4. 可以测量内外尺寸、深度、孔距、环形壁厚和沟槽等,其读数部分由_____和_____组成。

二、判断题

1. 手动工具一般都放置在工具箱或工具车中,并保持工具清洁且分类放置。（   ）

2. 工作时可以穿戴戒指、项链。（   ）

3. 工量具使用前后需进行清洁。（   ）

4. 把维修工具和设备摆在过道上或过道边。（   ）

三、选择题

1. 下列属于开口扳手用途不当的是（   ）。

   A. 用于拧紧或拧松标准规格的螺栓或螺母

   B. 可以从上、下或横向插入部位

   C. 用于拧紧力矩较大的螺栓或螺母

   D. 只能在一个有限的空间扳动螺栓或螺母

2. 关于开口扳手的选择,错误的说法是（   ）。

   A. 开口扳手的型号选择要适当,否则会产生打滑

   B. 一般情况下梅花扳手可代替开口扳手

   C. 米制（公制）扳手与英制扳手不能互换

   D. 应优先选用开口扳手

3. 下列不属于手动工具的是（   ）。

   A. 扳手　　　B. 钳子　　　C. 电钻　　　D. 铰刀

4. 下列属于旋具类工具的是（   ）。

   A. 套筒扳手　　B. 剥线钳　　C. 锯子　　　D. 铰刀

课题六 汽车一级维护

知识目标

1. 掌握根据车辆型号查阅有关技术资料的方法。
2. 掌握常用工具及量具的使用方法。
3. 掌握一级维护的项目、内容及意义。

技能目标

1. 学会更换发动机机油及机油滤清器。
2. 学会使用各种工具与量具。

素养目标

1. 培养学生诚实守信、精益求精、团队协作的职业素养。
2. 培养学生坚定道路自信、理论自信、制度自信、文化自信,以更加积极的历史担当和创造精神为发展马克思主义作出新的贡献。

一、自诊断系统

　　一般装有微处理器控制单元的汽车,都具有故障自诊断系统。可以用它来对汽车内传动系统、控制系统各部分工作状态进行自动检查和监测。当汽车出现故障时,装在仪表板上的故障指示灯会闪亮以警示车主汽车可能出问题了。同时此故障信号将被存入存储器,即使点火开关断开、故障排除、故障指示灯熄灭,故障信号仍将保留在存储器中,以供维修人员判断汽车的故障所在。故障排除后,断开 ECU 的电源 30 s,故障码将被清除。

　　汽车故障自诊断系统时刻监控着汽车的运行。现代汽车的电子化程度不断提高,这在极大地优化汽车技术性能的同时,也使汽车的控制系统变得越来越复杂。

二、自诊断系统功能

1. 发现故障

　　输入微处理器的电平信号,在正常状态下有一定范围,如果此范围以外的信号被输入,则 ECU 会诊断出该信号系统处于异常状态。例如:发动机冷却水温信号系统规定在正常状态时,传感器的电压为 0.08 ~ 4.80 V,超出这一范围即被诊断为异常。

　　如果微机本身发生故障,则由设有紧急监控定时器的时限电路加以监控;如果出现程序异常,则定期进行时限电路的再设置停止工作,以便采用微机再设置的故障检测方法。

2. 故障分类

　　微机工作正常时,通过诊断程序检测输入信号的异常情况,再根据检测结果分为不导致障碍的轻度故障、引起功能下降的故障以及重大故障三种等;将故障按重要性分类,预先编辑在程序中,若微机本身发生故障,则通过 WDT(看门狗定时器 Watch Dog Timer)进行重大故障分类。

3. 故障报警

　　一般通过设置在仪表板上报警灯的闪亮来向车主报警。在装有显示器的汽车上,也有直接用文字显示报警内容的。

4. 故障存储

　　当检测故障时,存储器中存储故障部位的代码。一般情况下,即使点火开关处于断开位置,微机和存储部分的电源也保持接通状态而不致使存储的内容丢失。只有在断开蓄电池电源或拔掉熔断丝时，由于切断了微机的电源，存储器内的故障代码才会被自动消除。

5. 故障处理

在汽车运行过程中如果发生故障，为了不妨碍正常行驶，由微机进行调控，利用预编程序中的代用值进行计算，以保持基本的行驶性能，待停车后再由车主或维修人员进行相应的检修。

三、自诊断系统的原理

1. 传感器故障自诊断原理

当某一传感器或电路产生故障后，其信号不能再作为汽车的控制参数。为了维持汽车的运行，故障自诊断模块便从其程序存储器中调出预先设定的经验值，作为该电路的应急输入参数，保证汽车可以继续工作；微机对传感器的故障自诊断不需要专门的线路，只需在软件中编制传感器输入信号识别程序，即可实现对传感器的故障自诊断。

工作时，各传感器的信号不断进入微机；微机根据其内部设置的传感器信号，由监测软件判别输入的信号是否有异常。当某一传感器信号的电压超出设定的范围或信号丢失时，监测软件就判定该传感器有故障或有关线路有问题，驱动故障灯闪亮，并将该故障以代码形式储存到微机内的存储器。如水温传感器的正常输入信号电压变化范围为 0.3～4.7 V，对应的发动机冷却水温度为 -30℃～120℃。当微机检测到的信号电压长时间超出此范围时，传感器信号识别监测软件即判定发动机冷却水温度传感器或其电路存在故障。微机将此故障以代码的形式存入存储器，同时点亮仪表板上的故障灯。

2. 微机系统故障自诊断原理

当电子控制系统自身产生故障时，故障自诊断模块便触发备用控制回路对汽车进行应急的简单控制，使汽车可以开到修理厂进行维修，这种应急功能就叫故障运行，又称跛行功能。微机内部如果发生故障，控制程序的例行程序就不可能正常运行，微机处于异常工作状态，汽车将无法行驶。为了保证汽车在微机本身出现故障时，仍能继续运行，采用后备回路系统，使汽车进入简易控制运行状态，使车辆行驶。在微机内部出现异常情况时，微机自诊断系统也能显示其故障，并记录下故障代码，将故障灯点亮。微机工作是否正常是由被称为监视回路的电路（监视器）进行监视的。监视器中安装有独立于微机系统之外的计数器。微机正常运行时，由微机的运行程序对计数器定时清零处理，这样监视器中计数器的数值永远不会出现计数满而溢出的现象；否则，微机便不能对这个计数器进行定时清零，致使监视计数器出现溢出现象。

以电控发动机为例，当监视计数器溢出时，其输出端的电平由低电平变为高电平。计数器输出端电平的这一变化，将直接触发后备回路。后备回路根据起动信号和怠速触点闭合状态，分别按设定的喷油持续时间和点火提前角对喷油器和点火电子组件等执行元件进行控制。系统根据计数器溢出判定微机发生故障，显示其故障，储存故障代码。后备系统是根据存储于只读存储器中的基本设置对汽车进行简单控制的，基本设置固定值的大小取决于车型。

3. 执行器故障自诊断原理

当某一执行元件出现可能导致其他元件损坏或严重后果的故障时，为了安全起见，故障自诊断模块采取一定的安全措施，自动停止某些功能的执行，这种功能称为故障保险。如：当点火电子组件出现故障时，故障自诊断模块就会切断燃油喷射系统电源，使喷油器停止喷油，防止未燃烧混合气体进入排气系统引起爆炸。

在电控系统工作时，微机对执行器进行的是控制操纵。微机向执行器输出控制信号，而执行器无信号返回微机。因此，对执行器的工作情况进行诊断，一般需要增设专用故障诊断电路，即微机向执行器发出一个控制信号；执行器要有一条专用电路向微机反馈其控制信号的执行情况。发动机电控点火系统中的点火监控信号就是用来判定点火系统工作是否正常的监视信号。在点火系统正常情况下，当微机对点火电子组件进行控制时，点火电子组件每进行一次点火，便由点火监视回路将点火执行情况以电信号的形式反馈给微机。当点火线路或点火电子组件出现故障时，若微机发出点火控制命令，却得不到反馈的点火监视信号，此时微机故障自诊断系统即判定点火系统有关部位有故障，显示故障，存储故障代码。

任务二 发动机与传动系统的检查

一、检查或更换发动机机油及机油滤清器

1. 目的

- 定期更换机油、机油滤清器，使机油始终发挥良好的性能，保护发动机，延长其使用寿命。
- 定期更换机油，避免机油变质、堵塞油道等造成发动机或其他部件的进一步损坏。

2. 更换机油机及机油滤清器

- 打开机油加注口盖，如图 6-1 所示。
- 举升车辆，松开放油螺栓，使用回收机回收机油，如图 6-2 所示。

更换机油滤清器

图 6-1 机油加注口

图 6-2 放油螺栓及废机油的回收

- 油底壳内机油全部放干净后，用扭矩扳手按标准力矩拧紧油底壳螺栓。
- 用专用工具将旧的机油滤清器拆下，如图 6-3 所示。
- 清洁机油滤清器支架密封面（取下旧滤清器密封垫）。
- 将新滤清器上的橡胶密封环稍微用机油润滑一下，以便拧紧时密封环吸附到滤清器上，使密封性更好，如图 6-4 所示。

图 6-3 拆下机油滤清器

图 6-4 在机油滤清器上涂一层机油

- 先用手将滤清器安装在机油滤清器支架上并用手预拧紧，然后用专用工具按标准力矩拧紧。
- 拧紧力矩：发动机机油滤清器的拧紧力矩为 20 N·m。
- 降下车辆，按照加注标准，加注新的机油，如图 6-5 所示。
- 拧紧加油口盖，起动发动机运转 2 min，关闭发动机等待 3 min。
- 检查机油油面。机油油位应该在最小值与最大值的中间，如图 6-6 所示。

图 6-5 加注新的机油

图 6-6 检查机油油位

3. 注意事项

- 加注机油时，不能超过机油尺上限（最大值），否则有损坏三元催化器的风险。
- 不同品牌、不同型号的机油不可以混合使用。
- 出现机油灯报警时，应马上关闭发动机，否则有造成发动机严重损坏的风险。
- 废机油必须密封存放，并由环保部门指定有资质的单位回收处理。

二、检查风扇皮带的松紧度

- 按图所示的方法检查皮带的松紧度。对单根皮带以 39 N·m 按下，皮带下挠应为 10～20 mm，若不符合要求，则用移动发电机与调节架的相对位置调整，如图 6-7 所示。

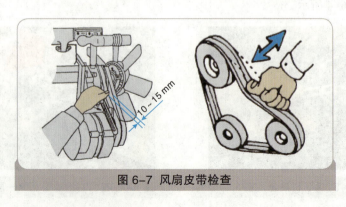

图 6-7 风扇皮带检查

●注意事项：皮带的松紧度基本一致，更换皮带时注意必须两根同时更换，不能一新一旧搭配使用，必须选用规格相同的皮带。

三、检查汽车传动系统

传动系统一般由离合器、变速器、万向传动装置、主减速器、差速器和半轴等组成，如图6-8所示。

传动系统的功用：汽车发动机所发出的动力靠传动系统传递到驱动车轮上，从而使汽车运作。

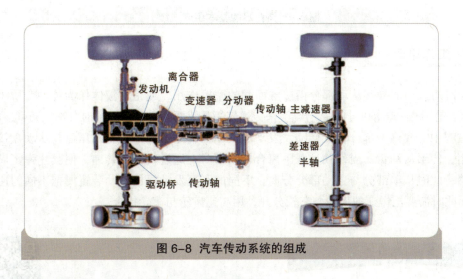

图6-8 汽车传动系统的组成

1. 离合器的基本组成和工作原理

（1）基本组成

离合器由主动部分、从动部分、压紧机构以及操纵机构四个部分组成如图6-9所示。
- ●主动部分：飞轮、离合器盖、压盘。
- ●从动部分：从动盘、从动轴。
- ●压紧机构：压紧弹簧（膜片弹簧）。
- ●操纵机构：离合器踏板、分离拉杆、分离叉、分离套筒、分离轴承、分离杠杆等。

离合器的功用和基本原理

图6-9 离合器的基本组成

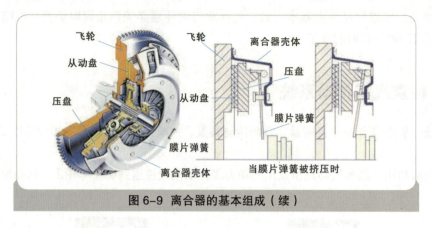

图 6-9 离合器的基本组成（续）

（2）工作原理

离合器的主动部分和从动部分借接触面间的摩擦作用，或是用液体作为传动介质（液力偶合器），或是用磁力传动（电磁离合器）来传递转矩，使两者之间可以暂时分离，又可逐渐接合，在传动过程中又允许两部分相互转动。发动机发出的转矩，通过飞轮及压盘与从动盘接触面的摩擦作用，传给从动盘。当驾驶员踩下离合器踏板时，通过机件的传递，使膜片弹簧大端带动压盘后移，此时从动部分与主动部分分离。不同的车速发动机的传动装置要把不同的速度传给车轮，而此时需要把慢速的齿轮与车轮分开，用高速齿轮与车轮接合。

2. 离合器的检查

●在发动机怠速状态下，只有踩下离合器踏板并几乎触底时，才能切断离合器；或是踩下离合器踏板，感到挂挡困难或变速器齿轮出现刺耳的撞击声；或挂挡后不抬离合器踏板，车辆开始行驶，这都表明该车的离合器分离不彻底。

检查离合器

●离合器打滑，其原因是：
· 离合器踏板自由行程太小、分离轴承经常压在膜片弹簧上，使压盘总是处于半分离状态。
· 离合器压盘弹簧过软或有折断。
· 离合器与飞轮连接的螺丝松动等。
· 在使用离合器过程中出现异响也是不正常的。其故障原因是：分离轴承磨损严重、轴承回位弹簧过软或折断、膜片弹簧支架有故障等。
· 当踩下离合器踏板到 3/4 时，离合器应该稳固接合。否则，检查其行程是否合适，可以用直尺在踏板处测量，先测出踏板最高位置高度，再测出踩下踏板到感到有阻力时的高度，两个数值的差就是该车离合器行程数值，如图 6-10 所示。

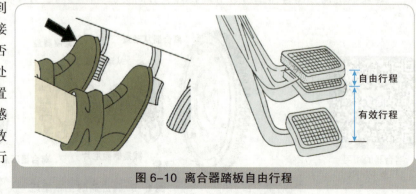

图 6-10 离合器踏板自由行程

·离合器的正确使用。离合器和油门在汽车起步时配合不好，会使发动机熄火或汽车起步时颤抖。发动机动力经离合器传到车轮，反应到离合器踏板上的距离只有1cm左右，所以在踏下离合器踏板、挂入挡位后，抬起离合器踏板至离合器摩擦片开始相互接触时，脚要停顿一下，同时加油门，待离合器片完全接触后再完全抬起离合器踏板。"两快两慢一停顿"，即抬起踏板的速度两头稍快，次两头慢，中间顿。

3. 变速器的检查

（1）手动变速器的检查

● 检查所有前进挡，以及倒车挡。当天气比较冷，挂入低挡时，低速齿轮有轻微磨损，这是变速器油液热度不够造成的，属于正常范围。如果每次挂挡都磨齿轮，则可能是离合器的液压系统或变速器本身有故障。

● 检查是否能正常入挡。如果发现变速器不能正常挂进挡位，或有齿轮撞击声；或者是挂上挡位后很难推回空挡等，说明变速器换挡困难，在熄火后，可以用手握住变速杆，如果很松旷能任意摆动，则可能是定位销失效造成的。如果不松旷时也出现换挡困难，则很可能是同步器故障造成换挡时的撞击。

● 变速器出现"乱挡"现象。如果在车辆起步时发生变速杆不能挂进所需要的挡位，或挂挡后不能退回空挡等现象，则说明变速器的操作机构有故障，可能是变速杆球头磨损过大，失去有效的控制能力造成的。如果变速杆位置稍有不对就挂进其他挡位，则可能是变速杆下端工作面磨损严重造成的。

● 如果在行驶中变速杆跳回空挡，则可能是齿轮和齿套磨损严重，致使轴承松旷或轴向间隙过大。这需要专业维修人员拆下变速器查看齿轮的啮合状况。变速器漏油，也是不正常的，有可能是密封衬垫密封不良造成的；或者是变速器输出轴的油封损坏。同时，润滑油过多或通气孔不通畅也会引起漏油。

● 如果在发动机怠速状态下，变速器处于空挡位置，却有异响，则可能是曲轴和变速器第一轴安装的同轴度有偏差造成的。这种情况在踏下离合器踏板时可消失。如果在入挡后有异响，则可能是相互啮合齿轮工作时有撞击造成的，说明变速器壳体有损伤，或者是部分齿轮有损害造成啮合过程中的撞击。

（2）自动变速器的检查

1）油面的检查

● 将汽车停放在水平地面上，并拉紧驻车制动器。
● 让发动机怠速运转1 min以上。
● 踩住制动踏板，将操纵手柄拨至倒挡（R）、前进挡（D）、前进低挡（S、L或2、1）等位置，并在每个挡位上停留几秒钟，使液力变矩器和所有换挡执行元件中充满液压油。最后将操纵手柄拨至停车挡（P）位置。

检查自动变速器油位

● 从加油管内拔出自动变速器油尺，将擦干净的油尺全部插入加油管后再拔出，检查油尺上的油面高度。

液压油油面高度的标准是：如果自动变速器处于冷态（即冷车刚刚起动，液压油的温度较低，为室温或低于25℃），液压油油面高度应在油尺刻线的下限附近；如果自动变速器处于热态（如低速行驶5 min以上，液压油温度已达70℃～80℃），油面高度应在油尺刻线的上限附近（见图6-11）。这是因为低温时液压油的黏度大，运转时有较多的液压油附着在行星齿轮等零件上，所以油面高度较低；高温时液压油黏度小，容易流回油底壳，因此油面较高。

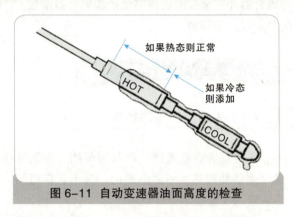

图6-11 自动变速器油面高度的检查

2) 油质的检查

变速器在正常工作温度下一般能行驶约40 000 km或24个月。影响油液和变速器使用寿命的最重要因素之一是油液的温度，而影响油液温度的主要因素是液力变矩器有故障，离合器、制动器滑转或分离不彻底，单向离合器滑转和油冷却器堵塞等，所以油液温度过高或急剧上升是十分重要和危险的信号，说明自动变速器内部有故障或油量不够。当发现温度过高时，应当立即停车并进行检查。

油液温度过高，将会使油液黏性下降、性能变坏（产生油膏沉淀和积炭）、堵塞细小量孔、卡滞控制阀门、降低润滑效果、破坏橡胶密封部件，从而导致变速器损坏。

4. 万向传动装置的检查

万向传动装置一般由传动轴和万向节组成。图6-12所示为万向传动装置的组成。

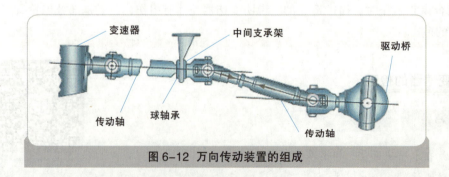

图6-12 万向传动装置的组成

万向传动装置检修

万向传动装置的主要检查部位有：传动轴平衡块、传动轴套管、花键、中间支承架等。

万向传动装置的常见故障有：万向传动装置异响。根据其响声的部位可分为万向节响、传动轴响和中间支承响。

(1)故障现象

万向传动装置在汽车行驶过程中发出不同响声。

(2)故障主要原因及处理方法

万向传动装置发出异响的根本原因是万向传动装置的连接处磨损松旷、装配不当或传动轴弯曲等原因造成动平衡破坏,当传递较大的转矩和受到剧烈的冲击时产生异响。具体原因主要有以下几个:

- 万向节套筒与万向节叉孔磨损松旷,应予更换。
- 万向节叉凸缘盘连接螺栓松动,应予紧固或更换。
- 传动轴伸缩节花键磨损和冲击,造成松旷,应予更换。
- 传动轴弯曲,应予校正。
- 传动轴上的平衡片掉落或套管凹陷,应重新做动平衡或更换。
- 传动轴套管与万向节叉或伸缩节花键轴焊接时位置歪斜或焊接后传动轴未进行动平衡,应予更换或做动平衡。
- 伸缩节未按标记安装,应按记号装配。
- 中间支承固定螺栓松动,应予紧固或更换。
- 中间支承固定位置不正确,应按正确位置固定。
- 中间支承滚动轴承润滑不良,滚道表面有麻点、凹痕、退火变色等损伤,应予润滑或更换。
- 中间支承橡胶圆环垫破损,应予更换等。

(3)故障诊断方法

在汽车起步或突然改变车速时,传动装置发出"吭"的一声;当汽车缓慢行驶时,传动装置发出"呱啦、呱啦"的响声,说明万向节在响。

汽车行驶中发出周期性的响声,速度越快响声越大,严重时车身发生抖振,甚至握方向盘的手有麻木感,说明是传动轴弯曲引起的响声。

汽车行驶中产生一种连续的"呜呜"的响声,车速越快响声越大,说明中间支承在响。

(4)万向传动装置的检修

- 十字轴轴颈应无金属剥落,滚针压痕深度不大于 0.10 mm,轴承径向间隙不大于 0.25 mm,轴承壳上不得有裂纹,否则应更换新件。
- 用百分表检查传动轴花键与花键套的配合间隙,若超过 0.30 mm,应更换新件。
- 检查传动轴弯曲量,小于 5 mm 时用冷压校正,大于 5 mm 时用加热校正或更换新件。
- 中间支承的轴承间隙应小于 0.50 mm,否则应更换新件。

5. 驱动桥的检查

驱动桥主要包括主减速器、差速器、半轴、驱动桥壳等，如图 6-13 所示。

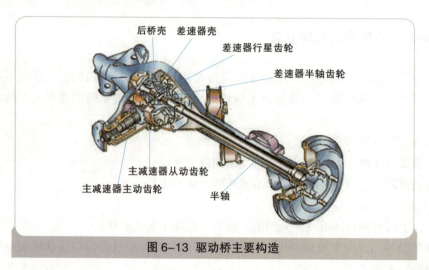

图 6-13 驱动桥主要构造

驱动桥主要检查部位有：行星齿轮与十字轴、轴承、花键、调整垫片、齿轮等。驱动桥的常见故障主要包括：驱动桥异响、驱动桥过热和驱动桥漏油。

驱动桥的检修方法

（1）驱动桥异响

1）故障现象

驱动桥在汽车不同的行驶工况下发出非正常响声。

2）故障主要原因及处理方法

造成驱动桥异响的根本原因是驱动桥的传动部件磨损松旷，调整不当或润滑不良。当驱动桥承受较大的动载荷时，发出不正常的响声。具体原因主要有：

- 主减速器主、从动齿轮，行星齿轮和半轴齿轮等啮合间隙过大或过小，应予调整。
- 半轴齿轮与半轴的花键配合、差速器壳与十字轴配合、行星齿轮孔与十字轴配合松旷，应予调整。
- 主、从动齿轮印痕不符合要求，应予调整。
- 主、从动齿轮，行星齿轮和半轴齿轮的齿面磨损严重，轮齿折断、变形或未成对更换，应予更换。
- 润滑油量不足，牌号不符，变质或有杂物，应更换正确的润滑油，并调整到规定高度。
- 圆锥滚子轴承预紧度调整不当，应予调整。
- 驱动桥壳体、主动齿轮紧固螺母或从动齿轮连接螺钉松动，应予紧固或更换等。

(2)驱动桥过热

1)故障现象

汽车行驶一定里程后,用手触摸驱动桥壳中部,有无法忍受的烫手感觉。

2)故障主要原因及处理方法

引起驱动桥过热的根本原因是驱动桥工作时摩擦阻力过大。具体原因主要有:
- 圆锥滚子轴承预紧度调整过大,应予调整。
- 润滑油量不足、变质或牌号不符合要求,应更换正确的润滑油,并调整到规定高度。
- 主减速器、差速器各齿轮的啮合间隙太小,应予调整。
- 止推垫片与主减速器背面间隙太小,应予调整或更换等。

(3)驱动桥漏油

1)故障现象

在驱动桥加油口螺塞、放油口螺塞、油封处或各结合面衬垫处,出现明显的漏油痕迹。

2)故障主要原因及处理方法

造成驱动桥漏油的主要原因是:
- 油封安装位置不正确、装反或油封本身磨损、硬化、破裂,应予调整或更换。
- 结合面加工粗糙或变形,应予磨平。
- 结合面密封垫片太薄、硬化或损坏,应予更换。
- 结合面紧固螺钉松动,应予紧固或更换。
- 通气孔堵塞或加油口、放油口螺塞松动,应予清洁、紧固或更换。
- 桥壳有铸造缺陷或裂纹,应予焊补等。

任务三　空调系统、行驶系统的检查

一、检查空调系统

1. 目的

检查空调系统的目的是确保空调能够正常工作，发挥最佳性能。

2. 空调功用

- 调节温度：将车内的温度调节到人体感觉适宜的温度。
- 调节湿度：将车内的湿度调节到人体感觉适宜的湿度。
- 调节气流：调节车内出风口的位置、出风的方向及风量的大小。
- 净化空气：滤去空气中的尘土和杂质，或对空气进行杀菌消毒。

汽车空调系统的维护

3. 空调结构

- 暖风装置：用以提高车内的温度。
- 制冷装置：用以降低车内的温度，并降低车内的湿度。
- 通风装置：用以调节车内的气流和换气。
- 空气净化装置：用以过滤空气及对空气进行消毒处理。

空调系统控制有手动控制和自动控制之分。手动空调需要驾驶员通过旋钮或拨杆对控制对象进行调节，如改变温度等。自动空调只需驾驶员输入目标温度，空调系统便可按照驾驶员的设定自动进行调节。空调系统在车上的布置如图 6-14 所示。

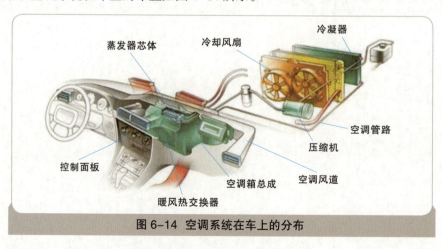

图 6-14　空调系统在车上的分布

4. 空调制冷剂

空调制冷剂（冷媒）是制冷循环当中传热的载体，通过状态变化吸收和放出热量，因此要求制冷剂在常温下很容易汽化，加压后很容易液化，同时在状态变化时要尽可能多地吸收或放出热量（较大的汽化或液化潜热）。同时，制冷剂还应具备以下性质：
- 不易燃易爆。
- 无毒。
- 无腐蚀性。
- 对环境无害。

制冷剂的英文名称为 Refrigerant，所以常用其头一个字母 R 代表制冷剂，后面字母表示制冷剂名称，如 R12、R22、R134a 等。

过去常用的制冷剂是 R12（又称氟利昂）。这种制冷剂各方面的性能都很好，但是有一个致命的缺点，就是破坏大气环境。它能破坏大气中的臭氧层，使太阳的紫外线直接照射到地球，对植物和动物造成伤害。我国目前已停止生产使用 R12 作为制冷剂的汽车空调系统。

目前，汽车上广泛采用 R134a，它是 R12 的替代品。R134a 在大气压力下的沸腾点是 -26.9℃，在 98 kPa 压力下的沸腾点为 -10.6℃。在常温常压的情况下，如果将其释放，R134a 会立即吸收热量开始沸腾并转化为气体，对 R134a 加压后，也很容易转化为液体。

5. 检查空调系统的外观

- 检查压缩机驱动皮带是否过松，如果皮带过松应按标准调整。
- 检查空调出风口的出风量。如果出风量不足，检查进风滤清器，如果有杂物应将其清除。
- 听压缩机附近是否有非正常的响声，如果有，检查压缩机的安装情况。
- 听压缩机内部是否有杂声，这种杂声通常都是由压缩机内部零件损坏引起的。
- 检查冷凝器散热片上是否有脏物覆盖，如果有脏物，应将其清除。
- 检查制冷循环系统的各连接处是否有油渍，如果有油渍，说明该处有泄漏，应紧固该连接处或更换该处的零件。
- 将鼓风机开至低、中、高挡，听鼓风机处是否有杂声，检查鼓风机是否运转正常，如果有杂声或运转不正常，应更换鼓风机（鼓风机进入异物或安装有问题也会引起杂声或运转不正常，所以在更换之前要仔细检查）。

6. 检查制冷剂的数量

检查制冷剂的数量有两种方法：一种是通过系统中安装的视液镜检查；另一种是通过检测系统压力检查。

1) 通过视液镜检查制冷剂的数量

检查条件：发动机转速为 1 500 r/min；鼓风机速度控制开关处于高位；空调开关为开位；

温度选择器为最凉；完全打开所有车门，如图6-15所示。

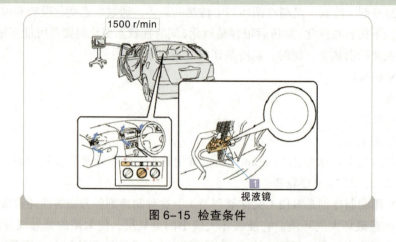

图6-15 检查条件

检查过程：打开引擎盖，通过空调管路上的观察窗观察制冷剂的流量，并检查制冷剂的量。如图6-16所示，A图中观察窗有少量气泡一闪而过，表示制冷剂量正常；B图中有大量气泡流过，说明制冷剂不足；C图中没有气泡，说明无制冷剂或制冷剂过多。

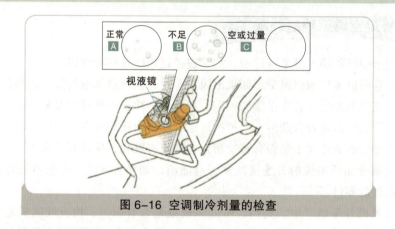

图6-16 空调制冷剂量的检查

2）通过检查系统的压力检查制冷剂的数量

连接歧管压力表：将歧管压力表的高低压开关全部关闭；把加注软管的一端和歧管气压计相连，另一端和车两侧的维修阀门相连；蓝色软管——低压侧，红色软管——高压侧。

检查制冷系统的压力：起动发动机，在空调运行时检查歧管气压计显示的压力读数。低压侧：$0.15 \sim 0.25$ MPa（$1.5 \sim 2.5$ kgf/cm^2）；高压侧：$1.37 \sim 1.57$ MPa（$14 \sim 16$ kgf/cm^2）。

7. 检查空调制冷效果

- 打开仪表盘操作面板上的空调开关A/C开关，调整冷热后应该在一定时间内吹出冷/热风。
- 空调出风口可以顺利关闭、开启或转向指定角度，带风口开度调节的应该同时测试开度。
- 调整风的循环模式，如内外循环、除霜模式、出风模式等，应该立刻给予响应，各风口的风量应相应做出变更。
- 出风口不应该吹出过多污物和异味,且在风量不是很大时,不应该有明显的风声。
- 对于自动空调,可以感觉一下温控功能是否准确,空调显示屏是否正确显示。

二、检查空气滤清器

1. 目的

通过定期清洁、检查空气滤清器,发动机可以始终保持进气顺畅。空气滤芯可过滤灰尘等杂质,减少发动机磨损,提高发动机使用寿命。

2. 操作过程

- 拆下滤清器壳体。
- 取出滤芯,检查滤芯状态(清洁程度)。
- 用潮湿的抹布清除壳体内的灰尘及杂质。
- 用气枪从空气滤清器滤芯的出气侧吹入压缩空气,以便清除滤芯上的灰尘,如图6-17所示。
- 将清洁过的滤芯,安装到空气滤清器壳体内。
- 紧固相应螺栓或卡子。
- 检查滤清器壳体的安装位置是否到位、牢固。

图6-17 清洁空气滤清器

3. 注意事项

- 当对空气滤清器进行上、下壳体清洁时,注意不要使异物进入进气道。
- 风沙较大地区,清洁和更换里程应适当提前进行。
- 当滤芯可以继续使用时,先轻轻敲打去除灰尘,再用高压气吹。

三、检查行驶系统

1. 行驶系统

汽车底盘行驶系统由汽车的车架、车桥、车轮和悬架等组成,如图6-18所示。

汽车底盘行驶系统的功能有:接受传动系统的动力,通过驱动轮与路面的作用产生牵引力,使汽车正常行驶;承受汽车的总重量和地面的反力;缓和不平路面对车身造成的冲击,衰减汽车行驶中的振动,保持行驶的平顺性;与转向系统配合,保证汽车操纵稳定性。

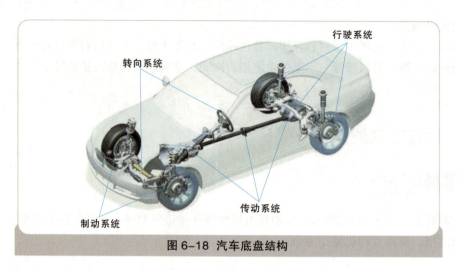

图 6-18 汽车底盘结构

（1）车架

汽车车架（Frame）俗称"大梁"。其上装有发动机、变速器、传动轴、前后桥、车身等总成和部件，如图 6-19 所示。

车架的功用是支撑、连接汽车的各总成，使各总成保持相对正确的位置，并承受汽车内外的各种载荷。车架通过悬架装置坐落在车轮上。

由于车架是整个汽车的基础，要承受汽车内外的各种载荷，因此要求车架具有足够的强度、合适的刚度；要求它具有结构简单重量轻等特点；同时，还应尽可能地降低汽车的重心和获得较大的前轮转向角，以保证汽车行驶时的稳定性和转向灵活性。

（2）车桥

车桥（也称车轴）通过悬架与车架（或承载式车身）相连接，两端安装车轮，如图 6-20 所示。

车架所受的垂直载荷通过车桥传到车轮；车轮上的滚动阻力、驱动力、制动力和侧向力及其弯矩、转矩又通过车桥传递给悬架和车架，故车桥的作用是传递车架与车轮之间的各项作用力及其产生的弯矩和转矩。

图 6-19 汽车车架

图 6-20 汽车车桥

(3) 车轮

车轮（见图6-21）与轮胎是汽车行驶系统中的主要部件。汽车通过车轮由轮胎直接与地面接触，在道路上行驶。

其主要功用如下：
- 支承汽车总质量。
- 吸收和缓和汽车行驶时所受到的路面冲击和振动。
- 保证轮胎与路面的良好附着性能，以提高汽车的动力性、制动性和通过性。
- 产生平衡汽车转向行驶时离心力的侧向力，在保证汽车正常转向行驶的同时，通过轮胎产生的自动回正力矩，使汽车保持直线行驶。

图6-21 汽车车轮

(4) 悬架

悬架是车架（或承载式车身）与车桥（或车轮）之间的一切传力连接装置的总称。车架与车桥通过悬架弹性连接在一起。汽车悬架如图6-22所示。

悬架（Suspension）主要由弹性元件、导向装置和减震器3部分组成。

悬架的主要作用是把路面作用于车轮上的垂直反力（支承力）、纵向反力（驱动力和制动力）和侧向反力以及这些反力所形成的力矩传递到车架（或承载式车身）上，以保证汽车的正常行驶。

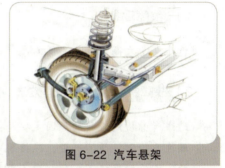

图6-22 汽车悬架

2. 行驶系统常见故障及检查部位

行驶系统的常见故障部位主要有：减震器、前轮定位、轮胎动平衡、杆系连接处以及驱动桥的齿轮、轴承等。

行驶系统的常见故障主要包括：行驶平顺性不良、车身横向倾斜、轮胎异常磨损、行驶无力和行驶跑偏。

(1) 行驶平顺性不良

1) 故障现象

汽车行驶时出现振动，加速时出现窜动，驾乘人员感觉很不舒服。

2) 故障主要原因及处理方法

造成行驶平顺性不良的原因主要是：
- 前稳定杆卡座松旷或橡胶支承损坏，应予更换。

- 车轮动平衡超标，应予校正。
- 减震器或缓冲块失效，应予修理或更换。
- 传动轴不平衡，应予校正。
- 钢板弹簧支架衬套磨损过大，应予更换。
- 车轮轴承磨损过度或转向横拉杆球头磨损过度，应予更换。
- 钢板弹簧U形螺栓滑牙或松动，应予更换或紧固。
- 发动机横梁和下摆臂的固定螺栓或衬套磨损，应予修理或更换。
- 半轴内外万向节磨损，应予更换。
- 轮胎气压过高，磨损不均，应予调整或更换等。

（2）车身横向倾斜

1）故障现象

汽车车身左高右低或左低右高，出现倾斜。

2）故障主要原因及处理方法

造成车身横向倾斜的原因主要是：
- 左右轮胎气压不一致，应按规定充气。
- 左右轮胎规格不一致，应予更换。
- 悬架弹簧自由长度或刚度不一致，应予更换。
- 下摆臂变形，应予校正或更换。
- 发动机横梁和下摆臂的固定螺栓或衬套松旷，应予修理或更换。
- 减震器或缓冲块损坏，应予更换。
- 发动机横梁变形，应予校正或更换。
- 车身变形，应予整形修理等。

（3）轮胎异常磨损

1）故障现象

轮胎磨损速度加快，胎面出现不正常磨损形状。

2）故障主要原因及处理方法

造成轮胎异常磨损的原因主要是：
- 轮胎气压不符合要求，轮胎质量不佳或车轮螺栓松动，应按规定充气，更换轮胎或紧固车轮螺栓。
- 轮胎长期未换位或汽车经常行驶在拱度较大的路面上，应及时进行轮胎换位（一般行驶

10 000 km 应换位，并进行动平衡校正）。
- 前轮定位不正确或前轮旋转质量不平衡，应校正前轮定位和车轮平衡。
- 纵横拉杆、轮毂轴承松旷或转向节与主销松旷，应予修理或更换。
- 钢板弹簧 U 形螺栓松旷或钢板弹簧衬套松旷，应予紧固或更换。
- 经常超载、偏载、起步过急、高速转弯或制动过猛，应注意正确的驾驶方法。
- 转向梯形不能保证各车轮纯滚动，出现过度转向，应予调整。
- 前轴，与车架纵向中心线不垂直或车架两边的轴距不等，应予调整。
- 前梁或车架变形，应予整形。
- 前轮放松制动回位慢或制动拖滞，应予排除等。

（4）行驶无力

1）故障现象

即使将加速踏板踩到底，汽车驱动力也不足，出现加速不良，爬坡无力等现象。

2）故障主要原因及处理方法

造成汽车行驶无力的根本原因是发动机无力，传动系统传动效率低，车轮受到的阻力过大。造成汽车行驶无力的具体原因主要是：
- 发动机无力。
- 离合器打滑。
- 变速器缺油或润滑油变质，应予添加或更换。
- 变速器齿轮啮合间隙过小，应予重新选配。
- 万向传动装置中间支承轴承缺油、锈蚀甚至失效，应予润滑或更换。
- 主减速器、差速器或半轴的传动齿轮（花键）啮合间隙过小，应予调整。
- 驱动桥缺油或润滑油变质，应予添加或更换。
- 轮胎气压严重不足，应予充气或修补后充气，必要时更换轮胎。
- 车轮制动拖滞。
- 驻车制动拉索回位不畅，造成后轮制动未完全释放，应予润滑或更换。
- 轮毂轴承过紧，应予调整。
- 前轮定位不正确，应予调整或更换部件等。

（5）行驶跑偏

1）故障现象

汽车正常行驶，不踩制动时，必须紧握转向盘才能保持直线行驶，稍有放松便自动跑向一侧。

2）故障主要原因及处理方法

造成汽车行驶跑偏的根本原因是汽车车轮的相对位置不正确，两侧车轮受到的阻力不一致。造成汽车行驶跑偏的具体原因主要如下：
- 两前轮轮胎气压不等，直径不一或汽车装载质量左、右分布不均匀，应予调整或更换。
- 左、右两前钢板弹簧翘度不等，弹力不一或单边松动、断裂，应予更换。
- 前梁、车架发生水平面内的弯曲，应予校正。
- 汽车两边的轴距不等，应予调整。
- 两前轮轮毂轴承的松紧度不一，应予调整。
- 前轮定位不正确，应予调整或更换部件。
- 车轮有单边制动或拖滞现象，应予检修。
- 转向杆系变形，应予校正或更换。
- 动力转向系统控制阀损坏或密封环弹性减弱，阀芯运动不畅或偏离中间位置，应予调整或更换等。

3. 车架的检查

（1）车架的常见损坏现象

- 车架弯曲或扭曲变形、断裂。
- 铆钉松动或被剪断。
- 部件脱焊或被撕裂。
- 表面涂层损坏等。

（2）引起上述现象的主要原因

- 汽车超载或动载荷过大。
- 交通事故中造成损坏。
- 剧烈颠簸等。

4. 车桥的检查

车桥通过悬架与车架或承载式车身相连，两端安装车轮。按车轮的作用，车桥可分为驱动桥、转向桥、转向驱动桥和支持桥四种类型。

检查车桥有无变形、裂纹、泄漏、异响、松动、过热等现象。

5. 车轮和轮胎的检查

（1）车轮和轮胎维护作业的主要内容

- 检查轮辋及压条挡圈，应无裂损、变形。
- 检查车轮螺栓连接是否可靠。
- 检查气门嘴帽是否齐全。
- 检查轮毂轴承间隙有无明显松旷。
- 检查调整轮胎气压等。

轮胎的中医诊断法

（2）车轮和轮胎在使用中的注意事项

- 规格不同，甚至厂牌不同的轮胎不得同轴使用。
- 选定的轮胎与轮辋应相配。
- 使用中避免超载、紧急制动，合理分配各车轮的负荷。
- 定期检查轮胎气压和外胎表面，清除铁钉、石块等异物。
- 为使轮胎磨损均匀，延长使用寿命，一般每行驶 10 000 km 左右应进行一次轮胎换位。

6. 悬架的检查

- 检查减震器工作是否正常。
- 检查轴承有无严重磨损或损坏。
- 检查钢板弹簧是否完好有效。
- 左右悬架尺寸应对称，性能应相似。
- 各连接部位应可靠。

任务四 电器系统的检查

一、检查风窗刮水器、风窗清洗器、大灯清洗装置

1. 目的

通过定期检查，保证风窗刮水器、风窗清洗器及大灯清洗装置功能正常，保持挡风玻璃和大灯洁净，保证行车安全。

风窗洗涤装置由储液罐、清洗泵、输液管、三通、喷嘴、清洗开关等组成。

2. 操作过程

● 检查风窗刮水器的雨刮片状态是否正常（见图6-23）。

● 操作雨刮器开关，检查风窗刮水器是否刮得干净且运行平稳，观察清洗喷嘴喷出的清洗剂是否是扇状，且喷射位置、高度是否合适。雨刮器开关如图6-24所示。

图6-23 雨刮片的检查

图6-24 雨刮器开关

● 操作后部风窗清洗器开关，检查后部风窗刮水器是否正常（主要对于两厢车型）。

● 打开引擎盖，检查玻璃水液位，确认液位合格，如图6-25所示。

● 操作大灯清洗装置开关（见图6-26），检查大灯清洗功能是否正常。

图6-25 检查玻璃水液位

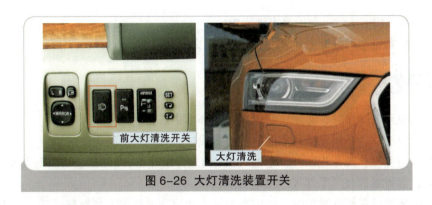

图 6-26 大灯清洗装置开关

3. 注意事项

更换风窗刮水器时，在雨刮臂竖起时，要特别注意防止其跌落击碎挡风玻璃，用棉布垫于挡风玻璃。

二、检查蓄电池

蓄电池检查

1. 目的

- 定期检查、分析蓄电池的起动能力，减少车辆抛锚风险。
- 通过检查，及时发现蓄电池充电不足，通过辅助充电，延长蓄电池的使用寿命。

2. 蓄电池类型

目前，汽车上常用的蓄电池有普通蓄电池、免维护蓄电池、封闭式免维护蓄电池等，此外还有混合型蓄电池和重组式蓄电池。

3. 操作过程

- 使用力矩扳手及套筒扳手检查蓄电池固定螺栓的力矩是否符合标准。
- 检查端子接线柱固定螺栓是否松动，如松动以标准力矩拧紧。
- 检查蓄电池外部四周是否有泄漏。若有电解液泄漏，应更换蓄电池。
- 检测蓄电池的静态电压。

标准测试条件如下：
· 关闭点火开关并断开所有用电器，拔出点火钥匙。
· 断开蓄电池负极接线端。
· 至少等待 2 h。在这个时间段内对蓄电池既不能充电也不能放电。

测量结果分析及采取的措施如下：
· 当静态电压 ≥ 12.5 V 时，静态电压正常。

- 当静态电压 <12.5 V 时,需给蓄电池充电。
- 如果充电后蓄电池的静态电压 <12.5 V,则需更换蓄电池。

4. 注意事项

- 在对蓄电池充电操作时,必须在通风良好的环境中进行。
- 在拆卸蓄电池时,必须先断开蓄电池负极接线柱,否则有短路烧伤的风险(例如,某维修技师用金属工具未按照操作规范先断开蓄电池负极,而是先断开正极,结果金属工具与车身出现短路,产生巨大电流,导致维修技师手部被严重电击烧伤)。
- 在对蓄电池进行充放电操作时,必须由经过专业培训的技术人员执行。
- 在对蓄电池进行充电时,必须先连接正极接线柱,后连接负极接线柱。
- 如果电解液从蓄电池中流出,会造成皮肤损伤。电解液具有腐蚀性,有损伤车辆油漆和部件的风险。
- 不要对已发生冻结的蓄电池采取启动辅助措施,否则有爆炸的危险,务必更换蓄电池。

三、检查全车灯光

汽车的灯光包括行车灯、近光灯、远光灯、雾灯、转向灯、倒车灯、刹车灯等几种。图 6-27 所示为灯光开关位置。

检查汽车灯光

1. 行车灯的检查

起动发动机,行车灯应点亮;如果行车灯不亮,应检查灯泡是否烧坏;如果灯泡没烧坏,应检查线路或熔断丝,图 6-28 所示为汽车行车灯。

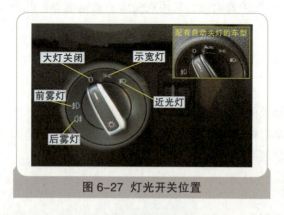

图 6-27 灯光开关位置

图 6-28 汽车行车灯

2. 近光灯的检查

夜间在市区行车时使用汽车近光灯,如图 6-29 所示。打开近光灯开关,近光灯应点亮;如果不亮,应检查灯泡是否损坏,在灯泡没烧坏的情况下检查灯光熔断丝是否损坏或检查灯光继电器是否损坏,最后检查线路是否短路或断路。

3. 远光灯的检查

汽车远光灯（见图 6-30）亮起时，车内仪表板上会亮起醒目的蓝色灯号以作提示。打开远光灯开关，远光灯应点亮；如果远光灯没亮，应检查灯泡是否损坏或熔断丝是否熔断；如果两者都未损坏，应检查大灯继电器是否烧坏或检查灯光线路是否短路或断路。

图 6-29 汽车近光灯

图 6-30 汽车远光灯

4. 转向灯的检查

汽车转向灯（见图 6-31）最基本的用途是在车辆转弯时给出其他车辆和路人转弯的信号，以提醒路人注意。打开左转向灯时，左前、左后转向灯应点亮。打开右转向灯时，右前、右后转向灯应点亮。如果转向灯不亮，应检查灯泡是否损坏或检查熔断丝是否熔断；如果两者都没检查出故障，应检查闪光继电器是否烧坏或检查转向灯线路是否短路或断路。

5. 雾灯的检查

汽车雾灯（见图 6-32）是在大雾天气里使用的灯光信号。雾灯在雾中的穿透力更强，因此更容易让车辆或行人及早注意到。打开雾灯开关，雾灯应点亮；如果雾灯没亮，应检查灯泡是否损坏，熔断丝是否熔断，再检查雾灯继电器是否损坏；如果以上都未损坏，应检查雾灯线路是否短路或断路。

图 6-31 汽车转向灯

图 6-32 汽车雾灯

6. 倒车灯的检查

倒车的时候车尾会有白色的汽车倒车灯亮起（见图6-33），一方面可以照亮车尾的路面、障碍物，减少倒车时的盲区；另一方面也是对车尾行人的提醒。将变速杆挂到R挡（倒车挡）时，倒车灯应点亮；如果倒车灯没亮，应检查倒车灯是否损坏，熔断丝是否损坏，再检查倒车灯开关是否损坏。当以上三种都未检查出故障时，最后检查倒车灯线路是否短路或断路。

7. 制动灯的检查

踩下制动踏板，制动灯应亮起（见图6-34），如果制动灯没亮，应检查制动灯泡是否损坏，检查熔断丝是否损坏，最后检查刹车灯开关是否损坏及刹车灯线路是否有短路或断路。

图6-33 汽车倒车灯

图6-34 汽车制动灯

思考与练习

一、填空题

1. 传动系统一般由_____、变速器、_____、_____、_____和半轴等组成。
2. 离合器由_____、_____、_____、_____四个部分组成。
3. 驱动桥主要由_____、_____、_____等组成。
4. 行驶系统由汽车的车_____、_____和_____等组成。

二、判断题

1. 检查油液的品质时,均可采用外观法、气味法和黏度法来检查。（ ）
2. 汽车常用防冻冷却液中加入防冻剂不同,目前,常用的防冻品种有乙二醇型、酒精型和矿油型。（ ）
3. 汽车夏季行驶时应增加停歇次数,如果轮胎发热或内压增高,应停车休息散热,严禁放气降低轮胎气压,也不要用冷水浇泼。（ ）
4. 变速器在验收时,均不允许有噪声。（ ）
5. 汽车轮胎应选用同一品牌、同一类型、同一花纹的胎。（ ）

三、选择题

1. 汽车维护的原则是（ ）。
   A. 预防为主,强制维护　　　　　　B. 定期维护
   C. 日常维护　　　　　　　　　　　D. 保持技术状况,降低故障
2. 下列属于定期维护的是（ ）。
   A. 季节维护　　B. 走合维护　　C. 二级维护　　D. 技术维护
3. 车辆行驶中,仪表盘上""指示灯突然亮起,表示（ ）。
   A. 机油压力不足　　B. 灯电路故障　　C. 发动机温度过高　　D. 机油不足
4. 动力转向液中,若液压油中有大量的气泡,是因为（ ）。
   A. 液压油中混入水分　　　　　　B. 液压油过少,运行中混入了空气。
   C. 液压油过多　　D. 液压油变质
5. 自动变速器油一般行驶（ ）km时更换一次。
   A. 5 000　　B. 10 000　　C. 40 000　　D. 80 000

课题七 二级维护

知识目标

1. 掌握二级维护项目内容及意义。
2. 能够根据车辆型号查阅有关技术资料。
3. 能够准确选用常用工具及量具。
4. 能够自觉遵守 6S 要求。

技能目标

1. 学会使用各种工具与量具。
2. 学会检查并维护蓄电池的技术状态。
3. 能够独立完成二级维护及检查。

素养目标

1. 培养学生安全规范操作、诚实守信、精益求精、团队协作的职业素养。
2. 培养德智体美劳全面发展的社会主义建设者和接班人。

任务一 关于汽车二级维护

一、汽车二级维护的定义

国家发改委、财政部《关于取消部分涉企行政事业性收费的通知》规定取消的是营运车辆二级维护检测收费,不包括营运车辆二级维护收费。内容:自2016年3月1日起,道路运输管理机构不再办理道路运输车辆二级维护审核备案手续。在车辆审验时,不再查验车辆二级维护凭证。

汽车二级维护是指车辆行驶到一定里程(间隔里程因车和使用条件的不同而不同)后,除完成一级维护保养作业外,以检查、调整转向节、转向摇臂和悬架等经过一定时间使用后容易磨损或变形的安全部件为主,并拆检轮胎,进行轮胎换位,检查调整发动机工况和排气污染装置等,由维修企业负责执行的车辆维护作业,过去称为二级保养。其中心作业内容为检查和调整。

当汽车行驶到一定里程后,零件的磨损和变形会增加,为了延长汽车的使用寿命和保证行车安全,必须按期进行汽车二级维护。

汽车二级维护是我国现行汽车维护作业中的最高一级。二级维护要求在维护前进行不解体检测诊断,以确定附加作业项目;强调对安全部件的检查和调整;检查、调整发动机工况和排气污染控制装置的工作情况等。

二、汽车二级维护的基本要求

汽车二级维护的目的是消除安全隐患,恢复车辆使用技术性能,尤其是排放和安全性能,所以二级维护作业应满足以下基本要求:

(1)汽车二级维护的检测诊断

应全面完成汽车二级维护的各检测、诊断项目,这关系到对该车的技术状况能否真正掌握,关系到二级维护附加作业项目的确定是否合理、到位,关系到汽车潜在的故障隐患能否通过本次维护得到彻底排除。

(2)汽车维护作业过程检验

汽车维护作业过程检验是控制二级维护作业质量的重要环节。汽车二级维护是否达到预期目的,取决于二级维护的基本作业和附加维护作业项目是否到位,是否按技术要求完成作业任务。只有进行维护作业过程的检验,才能对汽车维护质量进行有效控制,达到维护的目的。

（3）汽车维护竣工检验

企业应有明确的针对具体车型的汽车维护竣工检验技术标准，根据该标准配备相应的检测设备以及掌握现代汽车检测诊断技术的质量检验员。这是保证汽车维护质量的关键。

三、汽车二级维护的工艺过程

汽车二级维护是现行维护制度中的最高级别维护，其目的是维持汽车各总成、系统和机构具有良好的工作性能，及时排除故障和隐患，保证汽车的动力性、经济性、环保性、操纵性及安全性等各项综合性能指标满足要求，确保汽车在二级维护间隔期内能够正常运行。

汽车二级维护作业的工艺流程如图7-1所示。

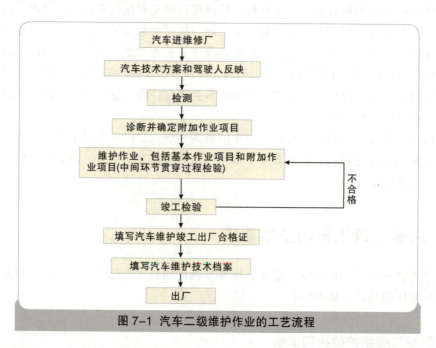

图7-1 汽车二级维护作业的工艺流程

- 汽车二级维护首先要进行检测，汽车进厂后，根据汽车技术档案的记录资料（包括车辆运行记录、维修记录、检测记录、总成修理记录等）和驾驶员反映的车辆使用技术状况（包括燃料经济性、制动性、行驶平顺性等）确定所需检测项目。
- 依据检测结果及车辆实际技术状况进行故障诊断，从而确定附加作业。
- 附加作业项目确定后与基本作业项目一并进行二级维护作业。
- 二级维护过程中要进行过程检验，过程检验项目的技术要求应满足有关的技术标准或规范。
- 二级维护作业完成后，应进行竣工检验，竣工检验合格的车辆，由维护企业填写"汽车维护竣工出厂合格证"后方可出厂。

任务二　汽车二级维护主要事项

一、汽车二级维护过程检验

对汽车二级维护进行过程检验的目的是实现维护过程的质量控制。二级维护过程检验应明确三点要求：一是维护作业全过程实施跟踪检验的要求，即应在二级维护作业项目（含基本作业项目和附加作业项目）执行过程中全面地自始至终实施质量检验；二是做检验记录，特别是对配合间隙、调整数据或拧紧力矩等技术参数要求的作业项目，要有检验数据的记录，作为作业过程的质量监督的依据，也可为汽车竣工出厂检验提供依据和参考；三是明确过程检验的技术标准，即一级维护基本作业项目中技术要求的内容。维护过程检验是一项过程质量管理工作，是确保汽车维护质量的重要环节。

二、汽车二级维护竣工检验

汽车维护竣工检验是一项对汽车维护质量进行的检测评定工作。汽车在维修企业进行二级维护后，必须进行竣工检验；各项目参数须符合国家标准或行业标准及地方标准；竣工检验合格的车辆填写维护竣工出厂合格证后方可出厂。检验不合格的车辆应进行进一步的检测、诊断和维护，直到达到维护竣工技术要求为止。

《汽车维护、检测、诊断技术规范》对汽车二级维护竣工检验明确了以下要求：一是实施维护竣工制度，这是行业一贯坚持的做法；二是以国家或行业及地方有关标准作为车辆维护竣工检验的统一标准，而非原车出厂规定或其他；三是实行出厂合格证制度，合格证一方面可作为维护质量评定结果的凭证，另一方面也可为实行质量保质期制度提供依据；四是检验不合格的车辆应进行进一步的检测、诊断和维护，直到达到维护竣工技术要求为止。

为严格控制汽车维护质量，交通运输部《道路运输车辆维护管理规定》明确指出：二级维护竣工检测主要对二级维护及附加作业项目的质量进行检测评定，由汽车综合性能检测站按标准进行，所出具的检测报告，作为维修企业的质量检验员签发出厂合格证的依据之一。

汽车二级维护竣工技术要求如表 7-1 所示。

表 7-1　汽车二级维护竣工要求

序号	检测部位	检验项目	技术要求	备注
1	整车	（1）清洁	汽车外部、各总成外部、滤清器应清洁	检视
		（2）面漆	车身面漆、腻子无脱落现象，补漆颜色应与原色基本一致	检视
		（3）对称	车体应周正，左右对称	汽车平置检查
		（4）紧固	各总成外部螺栓、螺母按规定力矩拧紧，锁销齐全有效	检查

续表

序号	检测部位	检验项目	技术要求	备注
1	整车	（5）润滑	发动机、变速器、转向器、减速器润滑符合规定，各通气孔畅通。各润滑点润滑脂加注符合要求，润滑脂嘴齐全有效，安装位置正确	检视
		（6）密封及电器	全车无油、水、气泄漏，密封良好，电器装置工作可靠，绝缘良好	检视
		（7）前照灯、信号、仪表、刮水器、后视镜等装置	稳固、齐全、有效，符合有关规定	检视
2	发动机	（1）发动机工作状况	发动机能正常起动，低、中、高速运转均匀、稳定，水温正常，加速性能良好，无断缸、回火、放炮等现象，发动机运转稳定后无异响	路试
		（2）发动机功率	无负荷功率小于额定值的80%	检测
		（3）发动机装备	齐全有效	检测
3	离合器	（1）踏板自由行程	符合原厂规定	检测
		（2）离合情况	接合平稳，分离彻底，无打滑、抖动及异响	路试
4	转向系统	（1）转向盘最大转动量	符合规定	检查
		（2）横直拉杆装置	球头销不松旷，各部螺栓、螺母紧固，锁止可靠	检查
		（3）转向机构	操作轻便、转动灵活，无摆振、跑偏等现象，车轮转到极限位置时，不得与其他部件有碰擦现象	路试
		（4）前束及最大转角	符合规定	检测
		（5）侧滑	符合GB 7258—2012中的有关规定	检测
5	传动系统	变速器、传动轴、主减速器	变速器操作灵活、不调挡、不乱挡；变速器传动轴、主减速器各部无异响，传动轴转配正确	路试
6	行驶系统	（1）轮胎	轮胎磨损应在规定范围内，同轴轮胎应为相同的规格和花纹，转向轮不得使用翻新轮胎，轮胎气压符合规定，后轮辋孔与制动鼓观察孔对齐	检查
		（2）钢板弹簧	钢板弹簧无断裂、位移、缺片，U型螺栓紧固，前后板板支架无裂纹及变形	检查
		（3）减震器	稳固有效	路试
		（4）车架	车架无变形，纵横梁无裂纹，铆钉无松动，拖车钩及备胎架齐全、无裂损变形、连接牢固	检查
		（5）前后轴	无变形及裂纹	检查
7	制动系统	（1）制动性能	符合GB 7258—2012中的有关规定	路试或检测
		（2）制动踏板自由行程	符合规定	检查
		（3）驻车制动性能	符合GB 7258—2012中的有关规定	路试或检测
8	滑行	滑行性能	符合规定	路试或检测
9	车身、车箱	（1）车身	驾驶室装置紧固，门锁链灵活无松旷，限动装置齐全有效，驾驶室门关闭牢靠、无旷动，挡风玻璃完好。窗框严密，门把、门锁、玻璃升降器齐全有效，发动机罩锁扣有效，暖风装置工作正常	检查
		（2）车箱	车箱不倾斜，整体不变形，底板无损坏，边板、后门平整无变形，铰链完好、关闭严密，前后锁扣作用可靠	检视
10	排放	尾气排放测量	符合有关标准的规定	检测

任务三　汽车二级维护

一、检查燃油系统

燃油系统的功用是根据发动机运转工况的需要,向发动机供给一定数量的、清洁的、雾化良好的汽油,以便与一定数量的空气混合形成可燃混合气。

燃油系统由燃油泵、燃油滤清器、喷油嘴等组成。

燃油系统还包括电子控制汽油喷射系统、燃油供给系统(汽油箱、汽油滤清器、汽油泵、油气分离器、油管和燃油表等辅助装置)。

1. 检查燃油系统前应注意以下事项

- 松开各连接部位前,要清洗该部位及周围。
- 拆下的零件要放到干净的地方,并仔细盖好。
- 严禁使用掉纤维的抹布,严禁烟火。
- 松开连接部位前,为避免燃油喷射,应先卸压或在连接部位周围放上抹布。
- 蓄电池及油泵应工作正常。

2. 燃油泵的检查

- 直接接通燃油泵电源,燃油泵应工作,如不工作,则说明燃油泵内部有故障。
- 接入燃油压力表,燃油表压力应为 250 kPa 以上,如过低,则说明燃油泵输出压力不足。
- 将回油管堵塞,这时燃油表压力应大于正常的工作压力,否则,说明燃油泵的最大输出压力不足。

3. 燃油压力调节器的检查

- 接上燃油压力表,起动发动机并怠速运转,记下燃油表压力读数。
- 拔下油压调节器上的真空软管,燃油表压力读数应变大,否则,说明燃油压力调节器故障。

4. 燃油泵控制电路的检查

燃油泵控制电路的检查:拔开燃油泵 ECU 的导线连接器,用电阻表测量导线插头上地线 E 端子与数据通信 DI 的接地电阻时应导通,如不通,应检查其线路。

插好燃油泵 ECU 的导线连接器，在各种条件下用电压表测量燃油泵 ECU 上 +B、FP、FPC 端子的接地电压，其电压值应符合表 7-2 的电压值，如不符，则须检查连接线路或更换燃油泵 ECU。

表 7-2 燃油泵 ECU 电压参考值

端　子	条　件	标准值 /V
FP—地	突然加速	12 ~ 14.0
	怠速	8 ~ 10.0
+B—地	点火开关 ON	9 ~ 14.0
FPC—地	突然加速到 6 000 r/min 或更高	4 ~ 6.0
	怠速	2.5

5. 喷油器的就车检查、喷油器泄漏检验和喷油器的喷油量的检验

（1）喷油器的就车检查

● 观察发动机运转情况，即怠速时，发动机运转是否平稳，排气是否有喘振现象，加速动力是否充足，初步判断是否有故障。
● 根据响声粗略判断喷射状况，良好的喷油器响声干脆且喷射雾化好；否则，说明喷油器工作不良。
● 逐个给喷油器断电，观察发动机工作情况。如断电后，发动机工作情况相比断电前有异常不同，则说明该喷油器工作正常。

检测喷油器

（2）喷油器泄漏检验

对喷油器施加正常的供油压力，观察喷油器的燃油滴出量，每分钟不超过一滴为正常。

（3）喷油器的喷油量的检验

在正常的供油压力下，将喷油器接通电源 15 s，用量筒进行测量，其喷油量为 30 ~ 40 mL（各车型略有不同）属正常；各喷油器之间的喷油量差不大于 10% 属正常。

二、检查冷却系统

1. 目的

检查发动机冷却系统是否有泄漏，以及冷却液液面高度和浓度（防冻能力）。对冷却液液面和防冻能力进行检查，确保发动机冷却系统有良好的散热效果，使发动机各项性能发挥正常，并减少寒冷地区因冷却液冻结而损坏发动机的风险。

2. 操作过程

（1）冷却液液面高度的检查

- 必须在发动机冷机时检查冷却液液面高度。
- 标准是冷却液液位处于"最低标记"与"最高标记"之间。
- 冷却液液位过低时，加注缺少量。

（2）冷却液防冻能力的检查

- 清洗和校准防冻液测试仪 T10007 后，擦干棱镜表面。
- 用吸管吸取一滴冷却液滴在棱镜表面上。
- 合上盖板轻轻按压，将目镜朝向明亮处。
- 读取刻度尺上的数值并记录在维护项目单上。
- 用软布擦干净棱镜，放回包装盒，测试完毕。

（3）散热器和水套的检查

散热器和水套的检查主要是检查它们外部是否有泥土、油污，散热片是否变形，以及内部是否有水垢、油污等，如有，可用化学溶剂清洗。

（4）风扇传动带张力的检查

风扇传动带的张力一定要合适，过紧、过松都会对发动机系统造成损害。过松：打滑，使水泵和发电机的转速下降，影响它们正常工作，并加速传动带的磨损。过紧：水泵轴承、发电机轴承、风扇传动带磨损加快。

3. 注意事项

- 打开冷却液系统时，首先要关闭发动机，且用抹布放在补偿水箱盖上，小心打开，否则有烫伤的危险。
- 散热风扇有随时起动的可能，维修时要与风扇保持安全距离。

4. 发动机冷却液的更换

- 拆下散热器盖。
- 从散热器和发动机的泄放开关排出冷却液。
- 关闭泄放开关。

更换冷却液

- 向系统内注入冷却液。
- 装上散热器盖。
- 起动发动机,检查是否有渗漏现象。
- 再次检查冷却液液面位置。

三、检查点火系统

点火系统是汽油发动机重要的组成部分,点火系统的性能良好与否对发动机的功率、油耗和排气污染等影响很大。能够在火花塞两电极间产生电火花的全部设备称为发动机"点火系统",通常由蓄电池、分电器、点火线圈、高压线、火花塞和控制电路等组成,如图7-2所示。

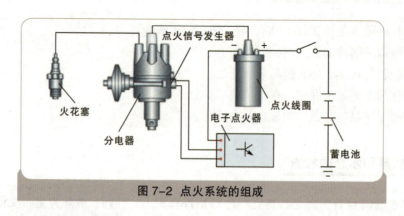

图 7-2 点火系统的组成

1. 分电器的检查

清洁分电器内部。分开分电器盖的卡簧,卸下分电器盖。用抹布擦拭分电器盖的内外部,目视分电器盖有无破损或龟裂的痕迹,分电器盖出现破损或龟裂现象时必须更换,如图7-3所示。

检查中央电极的炭棒及弹簧,用手或起子轻压中央电极,松开时,电极应能弹回原位。中央电极的炭棒及弹簧如果损坏,应更换分电器盖。

用布擦净分火头,检查分火头有没有裂纹或破损。如果有龟裂或破损,应及时更换。

图 7-3 分电器内部结构示意图

当分电器盖装到分电器上时,要用卡簧固定住,并检查各缸高压线是否套牢。

2. 点火线圈的检查

点火线圈依照磁路开闭分为开磁式及闭磁式两种。传统的点火线圈是开磁式,其铁芯用0.3 mm左右的硅钢片叠成,铁芯上绕有次级与初级线圈。闭磁式则采用形似Ⅲ的铁芯绕初级线圈,外面再绕次级线圈,磁力线由铁芯构成闭合磁路,如图7-4所示。

检查点火线圈

火线圈的检修：点火线圈的检修主要是检查初级绕组和次级绕组有无断路、短路故障，可用万用表检查绕组电阻进行判断。其初级绕组的阻值应为 0.5 ~ 1.0 Ω（电子点火系统 20℃），传统点火系统应为 1.5 ~ 3.0 Ω（20℃）。如果电阻无穷大，则说明初级绕组断路，应更换新品。次级绕组的阻值应为 2 500 ~ 4 000 Ω（20℃），传统点火系统为 6 000 ~ 8 000 Ω（20℃），如电阻无穷大，则说明次级绕组断路；如阻值过小，则说明次级绕组短路，无论断路或短路都应更换点火线圈。

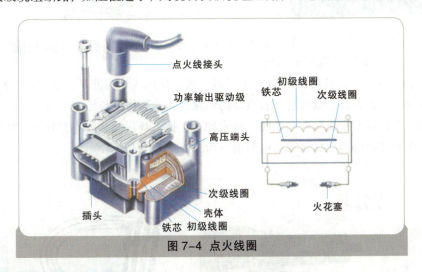

图 7-4 点火线圈

3. 火花塞的检查

汽油机点火系统中将高压电流引入气缸产生电火花，以点燃可燃混合气体的部件。NGK 火花塞主要由接线螺母、绝缘体、接线螺杆、中心电极、侧电极以及外壳组成，侧电极焊接在外壳上，如图 7-5 所示。

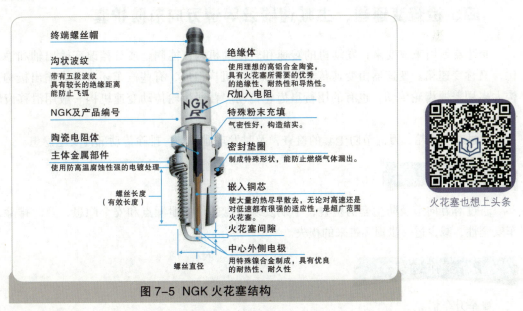

图 7-5 NGK 火花塞结构

火花塞也想上头条

- 检查火花塞间隙是否符合要求。大部分火花塞间隙为 0.7 ~ 0.9 mm，个别火花塞间隙可达 1.0 mm 以上（见图 7-6）。
- 检查火花塞裙部是否有污染和积炭。

- 检查侧电极是否损坏及中心电极是否漏电。
- 检查火花塞绝缘体是否开裂或破损。
- 检查绝缘体芯与壳体之间是否松动漏气。
- 检查火花塞密封垫圈是否漏气。

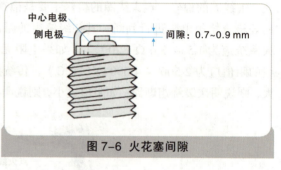

图 7-6 火花塞间隙

4. 高压线的检查

汽车的高压线是通过点火线圈传输电能以供火花塞点火作用,从而让发动机做功的一种带有"绝缘"装置的"导线",其结构如图 7-7 所示。汽车高压线结构并不复杂,高压线外部包上一层高强度绝缘体,能在较高、低温度下有良好的绝缘性和内部传输与导电功能。

高压线的常见损坏形式是漏电和断路。从发动机上拆下高压线并观察其外表,如有破损、龟裂或有击穿漏电的痕迹应更换。高压线的电阻值应为 0.2~7.4 kΩ。

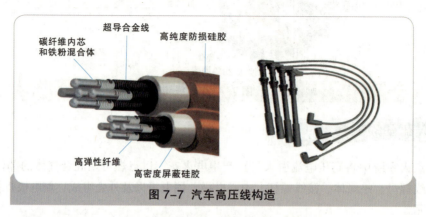

图 7-7 汽车高压线构造

四、检查变速器、主减速器及等速万向节防护套

变速器是用来改变来自发动机的转速和转矩的机构,能固定或分挡改变输出轴和输入轴传动比,又称变速箱。变速器由变速传动机构和操纵机构组成,有些汽车还有动力输出机构。传动机构大多用普通齿轮传动,也有的用行星齿轮传动。普通齿轮传动变速机构一般用滑移齿轮和同步器等。

通过对变速箱、万向节防尘套的检查,及时发现泄漏点,排除传动部件安全隐患。

1. 目的

通过对万向节及防尘套的检查,早期发现底盘部件的泄漏点和安全隐患,及时排除,提高行车安全性,减少进一步损坏带来的损失。

2. 操作过程

- 举升车辆。
- 目测检查变速箱、主减速器壳体接合处及传动轴油封是否泄漏,如图 7-8 所示。
- 目测检查等速万向节防尘套是否泄漏或损坏,如图 7-8 所示。
- 降下车辆。

图 7-8 检查变速箱、主减速器壳体结合处及传动轴油封是否漏油

3. 注意事项

- 变速箱、主减速器渗漏比较复杂，发现渗漏时，不能简单清洁处理，必须及时上报，制订方案排除故障。
- 检查底盘时，注意与排气管和三元催化器保持一定的距离，否则有烫伤的危险。

4. 万向节防尘套的功用

- 将润滑脂封存在万向节内，使万向节得到充分润滑，同时起到防尘及防止异物进入的作用。
- 防尘套必须有较好的抗高温、抗腐蚀性，同时也能承受来自传动轴与车轮不断地相对运动产生的扭转和弯曲。破损后内部的润滑脂会在转动的过程中甩出，导致万向节润滑不良，加速万向节的磨损，严重时会出现卡死情况，影响行车安全。

五、检查转向系统

用来改变或保持汽车行驶或倒退方向的一系列装置称为汽车转向系统（Steering System）。汽车转向系统的功能就是按照驾驶员的意愿控制汽车的行驶方向。图 7-9 所示为转向系统的组成。

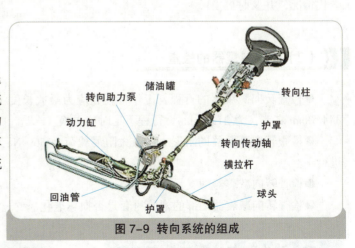

图 7-9 转向系统的组成

1. 转向柱与转向管柱的检查

（1）检查转向柱与转向管柱的变形与损坏情况

转向柱与转向管柱不允许补焊或矫正，若变形或损坏严重必须更换。检查转向柱轴承的磨损与烧蚀情况，严重时应更换。

（2）转向传动轴万向节的检查

用手检查万向节在十字轴上的两个方向的径向间隙，若发现有间隙，应更换万向节的轴承。

（3）转向柱上支承环的检查

检查转向柱上支承环的磨损与损坏情况，严重时应更换。

（4）安全柱销及橡胶支承套的检查

- 检查转向柱上的安全销是否损坏，橡胶衬套及聚乙烯套管是否损坏。
- 检查橡胶支承环是否老化、损坏。
- 检查弹簧是否损坏或弹力减弱。

2. 转向器的检查

（1）机械转向器的检查

检查转向小齿轮与齿条有无磨损与损坏，转向器壳体上是否有裂纹，并注意转向器上的零件不允许焊接或矫正，只能更换。检查轴承及衬套的磨损与损坏，以及油封、防尘套的磨损与老化情况，并及时更换。

（2）转向减震器的检查

- 检查转向减震器的行程。工作行程 L 应为最大长度（max）556.0 mm 与最小长度（min）344.5 mm 之差，为 211.5 mm。行程不足时应更换。
- 检查转向减震器的阻尼力，最大阻尼载荷为 560 N，最小阻尼载荷为 180 N（在实验台上进行）。
- 检查转向减震器的支承是否开裂。
- 检查转向减震器端部的橡胶衬套是否损坏老化。

3. 动力转向油泵的检查

- 检查泵轴轴套、轴承，若损坏，则更换。
- 检查泵轴花键是否磨损，泵轴是否有裂纹和其他损坏，更换所有过度磨损和损坏的零件，更换成新泵轴卡环。
- 检查泵壳是否有磨损、裂纹、铸造砂眼和损坏。
- 检查压力软管和控制阀塞子，若损坏，则更换。

4. 转向横拉杆的检查

- 检查横拉杆是否弯曲，必要时校正。
- 检查调整螺栓的螺纹有无乱纹现象。

5. 转向横拉杆球头的检查

检查转向横拉杆内、外球接头（球头销）的转动力矩和摆动力，若有间隙或磨损，更换球头销。

6. 连接支架的检查

- 检查连接支架、连接件和减震器支架有无断裂和变形现象。
- 检查转向横拉杆内衬套是否损坏和老化。

六、蓄电池的维护

蓄电池的基本作用是起动车辆并提供辅助电源。汽车用蓄电池大致可分为免维护和普通蓄电池（非免维护）两类，如图7-10所示。

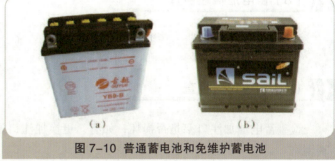

图7-10 普通蓄电池和免维护蓄电池

（a）普通铅酸蓄电池；（b）免维护蓄电池

1. 免维护蓄电池的检查

- 检查电瓶状态指示灯（见图7-11），此灯亮起表示电瓶电量过低。
- 通过观察"电眼"的颜色变化判断蓄电池状况（见图7-12）。如果"电眼"里的颜色呈绿色，则说明蓄电池情况良好；若呈黑色，则说明蓄电池容量已经不足；若里面已经变成白色，则表示蓄电池使用寿命到期，需要及时更换。
- 车辆打火时如果听到"哒哒"声，则说明蓄电池亏电严重，需要及时更换。
- 当夜间行车怠速时，汽车发电机不足以提供夜间灯光的电力，这时基本上

由蓄电池供电，如果蓄电池寿命不足，则不足以提供充足的照明用电，灯光会明显变暗。这时需要更换蓄电池，以免影响行车安全。

汽车蓄电池的日常维护

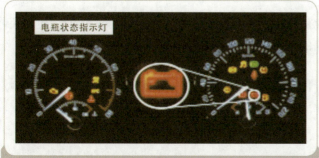

图7-11 电瓶指示灯

图7-12 蓄电池电量观察孔

2. 普通蓄电池的检查

（1）电解液液位检查

通过蓄电池外壳上的液位刻度，检查电解液液位是否符合规定，电解液液位应高出极板 10~15 mm。如图 7-13 所示。

图 7-13 电解液液位检查

（2）蓄电池外壳检查

检查蓄电池外壳是否有裂纹，是否有渗漏。

（3）蓄电池极柱检查

检查蓄电池接线柱端子是否腐蚀，如有，清洁端子；检查导线连接是否松动。

（4）加注口盖检查

检查蓄电池加注口塞是否损坏，如有，更换加注口塞；检查蓄电池通风孔（见图 7-14）是否阻塞。

图 7-14 蓄电池通风孔

（5）电解液比重的检查

电解液是用纯硫酸和蒸馏水按一定比例配制而成的，其标准比重为 1.25~1.28，使用液体比重计检查电解液比重，检查所有单元格的比重是否在规定范围。

- 旋下蓄电池加注口盖。
- 用吸管取出少量电解液，滴在比重计前端棱镜上，轻轻合上塑料盖板。
- 对光观测电解液比重并记录。电解液比重计如图 7-15 所示。
- 清洗吸管及比重计，擦干放回。
- 旋上蓄电池加注口盖。

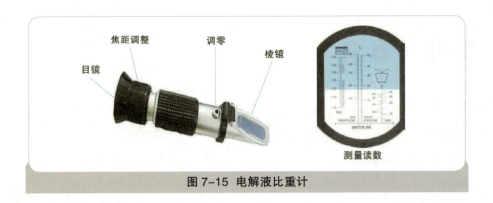

图 7-15 电解液比重计

七、检查多楔皮带

1. 目的

定期检查多楔皮带运行情况及老化状态，如图 7-16 所示，确保多楔皮带始终处于良好状态，提前排除故障隐患，避免发生皮带突然断裂导致发电机、空调等部件不能正常工作。

图 7-16 发动机多楔皮带检查

2. 操作过程

- 关闭发动机，用套筒扳手转动曲轴的皮带轮。
- 观察多楔皮带表面是否有层离（表层、加强筋）。
- 检查多楔皮带表面是否有基层裂纹（裂纹、中心断裂、截面断裂）。
- 用手逆时针翻转多楔皮带，检查齿面是否磨损（材料磨蚀、齿面散开、齿面硬化、玻璃状齿面、表面裂纹）。
- 检查多楔皮带是否有机油和油脂痕迹。
- 检查多楔皮带多楔槽、多楔带轮槽内部是否有异物，若有，则清除。
- 若多楔皮带状态不符合要求，则更换多楔皮带。

3. 注意事项

已经运转过的多楔皮带运转方向可能相反，极易导致多楔皮带过早损坏，故在拆卸多楔皮带之前，应用粉笔或记号笔标记旋转方向。

思考与练习

一、填空题

1. 燃油系统由_____、_____、_____等组成。
2. 汽车底盘主要由转向系统_____、_____、_____和_____四大系统组成。
3. 汽车蓄电池分为_____、_____。

二、判断题

1. 检查减震器的阻尼状况时，可以同时检查两个位置。（   ）
2. 检查车辆倾斜度时不能有人在车上。（   ）
3. 做顶位三拆卸机油加注口盖时，可以不铺左右翼子板布，但是要铺前格栅布。（   ）
4. 检查汽车空调系统时必须打开所有车窗或车门。（   ）
5. 测量方向盘自由行程时车轮不用在正前方。（   ）

三、选择题

1. 检查发动机机油时，液位在（   ）为正常。
   A. 最低点以下　　　　B. 最高点以上　　　　C. 最低点和最高点之间　　　　D. 以上均可
2. 检查下列哪个灯光时要检查开关的自动回位功能（   ）。
   A. 示宽灯　　　　B. 近光灯　　　　C. 闪光灯　　　　D. 左右转向灯
3. 检查传动皮带时要注意检查（   ）。
   A. 有无变形或老化　　　　B. 张紧力　　　　C. 有无裂纹或损坏　　　　D. 以上均是

课题八
汽车常见故障诊断

知识目标

1. 掌握汽车常见故障的现象及类型。
2. 能够根据不同车型查阅技术资料。
3. 能正确使用常用工具及专用工具。

技能目标

1. 掌握常见故障诊断分析思路和方法。
2. 能够独立完成故障诊断。

素养目标

1. 培养学生安全规范操作、诚实守信、精益求精、团队协作的职业素养。
2. 努力培养造就更多大师、战略科学家、一流科技领军人才和创新团队、青年科技人才、卓越工程师、大国工匠、高技能人才。

任务一 汽车常见故障诊断

一、汽车故障诊断的定义、分类、基本流程及方法

1. 汽车故障的定义及分类

（1）汽车故障的定义

汽车故障是指汽车部分或完全丧失工作能力的现象，其实质是汽车零件本身或零件之间的配合状态发生了异常变化，是一种不合格的状态。

（2）汽车故障的类型

按故障的存在形式和发生过程划分，汽车故障具有多种类型。

1）间断性故障和永久性故障

按照故障存在的时间可将其分为间断性故障和永久性故障。间断性故障是在引发原因存在的条件下才出现的故障。永久性故障则只有在更换相应零部件后故障才得以排除。

2）突发性故障和渐发性故障

按照故障发生的快慢可将其分为突发性故障和渐发性故障。突发性故障指发生前无任何征兆的故障。渐发性故障则是零件磨损、疲劳、变形、腐蚀、老化等使技术状况变化而引起的故障。

3）功能性故障和潜在性故障

按照故障是否显现可将其分为功能性故障和潜在性故障。导致功能丧失或性能降低的故障为功能性故障。正在逐渐发展但尚未对功能产生影响的故障属潜在性故障。

4）局部故障和完全故障

按汽车丧失工作能力的程度可将故障分为局部故障和完全故障。局部故障是指汽车部分丧失了工作能力，降低了使用性能的故障。完全故障是指汽车完全丧失了工作能力，不能行驶的故障。

5) 轻微故障、一般故障、严重故障和致命故障

轻微故障不会导致汽车停驶,暂不影响其正常行驶;故障排除时不需要更换零件,可用随车工具在短时间内排除。一般故障不会导致主要零部件损坏,虽未造成停驶,但已影响汽车的正常行驶,可在短时间内用随车工具通过调整或更换低值易耗件进行修复。严重故障会导致整车性能严重下降及主要零部件损坏,且不能用随车工具在短时间内修复。致命故障会造成汽车重大损坏及主要总成报废,还可能导致人身伤亡。

6) 自然故障和人为故障

按故障发生的性质可将其分为自然故障和人为故障。

自然故障是指在汽车使用期内,由于内、外部不可抗拒的自然因素的影响而产生的故障。人为故障是指在汽车制造和维修中,由于使用了不合格的零件或违反了装配技术要求,或在使用中没有遵守使用条件和操作工艺规程及运输、保管不当等人为因素所造成的故障。

7) 机械故障、电子控制系统故障及综合故障

汽车故障根据其故障部位可分为机械故障、电子控制系统故障及综合故障。机械故障是指汽车机械系统发生的故障。它除具有连续性、离散性、间歇性、缓变性、突发性、随机性、趋势性和模糊性等一般特性外,还具有多层次性。

电子控制系统故障分数字电路故障和模拟电路故障。数字电路故障诊断理论发展迅速,并日趋成熟。目前已经有相当多的诊断程序和诊断设备投入实际使用,如用于汽车电子控制系统诊断的解码器便是其中的一例。汽车模拟电路故障诊断尚未建立完整的理论,还没有通用的诊断方法。

(3) 汽车综合故障检测

1) 不能起动或起动困难

不能起动的现象可能是打开点火开关发动机无任何起动征兆,起动机有响动但不能转动,起动机能够转动但带不动发动机,或者发动机能被起动机带动但不能起动。起动困难的现象可能是发动机转动缓慢,或者发动机转动时声响不均匀。起动困难可能在冰冻天气或者酷热天气时发生,也可能在常温下发生,也可能冷车初次起动困难热车时起动正常。这些现象与主喷油器、冷起动喷油器、温控开关、ECU和控制电路工作不良,蓄电池亏电,点火器或脉冲发生器损坏,燃油系不供油或供油不正常等因素有关。对于自动变速汽车,不能起动的原因可能是变速器手柄位置不对。

2) 怠速运转不良

怠速运转不良可能是怠速不稳发动机抖动,怠速转速偏高超过规定上限值,怠速转速偏低小于规定下限值,或者怠速运转不柔和。这些现象与喷油器、氧传感器、空气流量传感器、废气再循环阀等器件故障或工作不良有关,与控制电路、真空管路连接不良等因素有关。

3) 异响

　　异响有"回火""放炮""喘振""爆震"和机械异响五种。"回火"是燃烧火焰从进气管沿进气相反方向向外喷出并发出声响的现象；引起"回火"的原因可能是主喷油器和冷起动喷油器堵塞卡死造成混合气过稀，点火过迟或错乱，进气门不密封，进气歧管泄漏，油压过低或脉动大。"放炮"是没有完全燃烧的混合气在排气管内燃烧并发出声响的现象，出现"放炮"的原因可能是点火正时不准或错乱，高压线圈故障造成火弱或无火，火花塞电极间隙不当，怠速阀不良，主喷油器或冷起动喷油器不密封，油路压力过高，排气门不密封或气缸压力过低，温度传感器或冷起动温控开关搭铁使控制系统误动作造成冷起动喷油器喷油。"喘振"是发动机转速周期性的上下波动而发出的异响；"喘振"可能是进气管的真空接口堵塞造成压力传感器无法及时感应进气管的真空度，正时皮带老化发生跳齿，废气再循环（EGR）系统有故障，涡轮增压系统故障等。"爆震"是汽车加速时发动机发出尖锐、清脆撞击声的现象；可能是点火提前角过大或使用低标号汽油（辛烷值低）造成的。机械异响可能是发动机运动部件间隙失调，或机件磨损使配合间隙过大造成的。

4) 燃油消耗过高的主要原因

　　滤清器堵塞进气不畅，冷却温度过高或过低，点火正时、配气相位或怠速调整不正确，发动机及主要零件磨损失效，气缸压力过低，油、气路管道及接头破漏，电控系统各传感器、接头及线路故障或ECU及连接器故障。

5) 润滑油消耗过高的主要原因

　　发动机曲柄连杆机构、配气系统相关零件过度磨损或油封失效引起的烧机油或漏油。

6) 排气管冒烟异常

　　排气器冒黑烟、冒白烟和冒青烟。冒黑烟的原因是混合气过浓，与供油、配气、机械或电控系统的缺陷有关；冒白烟的原因是燃油中水分过高；冒青烟说明有烧机油。

7) 加速无力即动力性差

　　加速无力表现为起动困难、难于提速、难于超车。

8) 渗油

　　渗油是指发动机表面或其底部有油污痕迹。擦去后，第二天在同样部位又会出现。

9）漏水

汽车停车一段时间后，在地面上的固定位置总有水迹。

2. 汽车故障诊断基本流程及方法

汽车故障诊断的基本流程是汽车故障诊断中最基础的诊断过程，是对诊断内容的最一般的概括和总结。汽车故障诊断基本内容包括从故障症状出发，通过问诊试车（验证故障症状）、分析研究（分析结构原理）、推理假设（推出可能原因）、流程设计（提出诊断步骤）、测试确认（测试确认故障点）、修复验证（排除故障后验证），最后达到发现故障最终原因的目的，如图8-1所示。

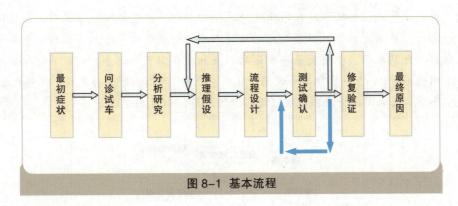

图8-1 基本流程

1）最初症状

最初症状是故障诊断的出发点。故障症状分为：
- 可感觉到的性能和功能发生改变的症状——功能性故障。
- 察觉到的外观和状态发生改变的症状——警示性故障。
- 可检测到的参数和指标发生改变的症状——隐蔽（检测）性故障。

2）问诊试车

问诊是通过对车主的询问了解汽车故障症状的过程，试车则是对汽车故障症状的实际验证进一步确认故障症状的过程。
- 问诊。问诊不仅要达到全面了解故障症状的目的，更重要的是要把握住故障症状发生时的前因后果。
- 试车。试车的目的在于再现车主所述的故障症状，以验证故障症状的真实性，同时实验故障症状再现时的特征、时间、地点、环境、条件、工况等客观状态，也就是说要将问诊中记录的内容逐一验证，以便为进一步分析故障原因做好准备。

3）分析研究

分析研究是在问诊试车后根据故障症状，对汽车结构和原理进行的深入研究分析，目的在于分析故障生成的机理、故障产生的条件和特点，为下一步推出故障原因做准备。

在分析研究阶段一定要认真查找、仔细阅读上述各种技术资料，彻底搞懂所修系统的结构组成和工作原理。只有在全面掌握结构组成、深刻理解工作原理的基础上才能为下一步深入判断汽车故障原因奠定坚实的基础，特别对于电子控制系统软硬件匹配不当的故障，单从硬件电路和元器件出发检查故障是很难发现的，必须深入了解软件的控制过程后才能通过对比分析的方式发现故障的原因所在。

4）推理假设

推理是根据工作原理和故障症状推出故障原理的过程。在这环节中除了对工作原理的深刻理解之外，还应该注意到故障症状所对应的故障本质。也就是说，虽然我们在这个环节还不知道是什么最终导致的故障，也就是还不知道故障点到底在哪里？但是，这时的故障发生机理应该已经基本明确。例如，进一步分析导致混合气浓的原因，可以知道无非是两个：一个是燃油多，另一个是空气少。因果图分析法在推理假设环节的应用，如图8-2所示。

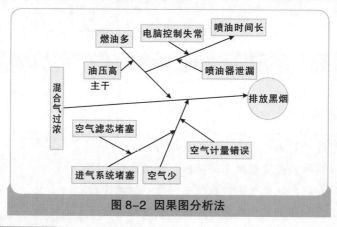

图8-2 因果图分析法

5）流程设计

流程设计是在推理假设环节之后，根据假设的可能故障原因，设计出实际应用的故障诊断流程图的过程。这个过程包括建立以故障症状为顶端事件的故障树、根据这个故障树建立故障诊断流程图表。按照故障树应用所给出的具体方法完成故障树和故障诊断流程图设计。

下面以汽车动力不足的故障症状为例说明从故障树到故障诊断流程图表的设计步骤，如图8-3所示。

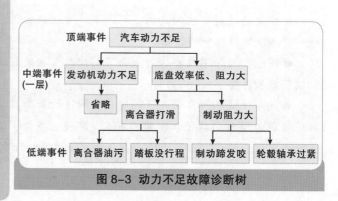

图8-3 动力不足故障诊断树

6）测试确认

测试确认是在不解体或只拆卸少数零部件的前提下完成的，包含检测、试验、确认三个部分。

①检测

检测即检查与测量，主要指设备仪器测量和基本检查两个方面。

● 设备仪器测量：当汽车出现故障时可将OBD插头插在汽车诊断口上，使用汽车专用解码器读出故障，查阅维修资料对故障进行排除。

在发动机电控系统故障的检测与诊断中，除经常需要检测电压、电阻和电流等参数外，还需要检测转速、闭合角、频宽比（占空比）、电容、温度等。这些参数对于发动机电控系统的故障检测与诊断具有重要意义。但是这些参数用一般数字式万用表无法检测，需用专用仪表即汽车万用表。

· 电阻测量

将万用表开关转到电阻（Ω）挡的适当位置后，即可测量电阻值。汽车上很多电气设备的技术状态可用检测其电阻值的方法来判断，如检查电气元件和线路的断路、短路等故障。

· 直流电压测量

将开关转到直流电压（A/V）挡（选择合适的量程），将测试表笔接至被测两端。用测电压的方法可以检查电路上各点的电压（信号电压或电源电压）以及电气部件上的电压降。

● 基本检查：包括人工直观检查和简单仪表检查两个部分。

人工直观检查：主要是通过人的感官功能对汽车各个部分的外观、声响、振动、温度、状态和气味进行的直接观察，包括看、听、摸、闻四个部分。

②试验

试验主要指对系统的边测试边验证的过程。试验是对经过检测环节后初步判断出来的故障点进行的一边模拟试验一边动态测量的深入测试。试验方式主要有传感器模拟试验、执行器驱动试验、振动模拟试验、加热模拟试验、加湿模拟试验、加载模拟试验、互换对比（替换法）试验、隔离对比（短路、断路）试验。

③确认

确认主要是指对系统测试过后得出的结果进行的确认，证明的是中间事件和底端事件是否成立。证明结果只有肯定和否定两个。如果得到的是肯定的结果，则验证了中间事件或低端事件的成立。若是中间事件成立则按照诊断流程指向下一个中间事件的检测试验环节。若是底端事件成立，则说明最小故障点已发现，经过确认证实最小故障点。

7）修复验证

修复验证是在测试确认最小故障点发生部位后，对故障点进行的修复以及对修复后的结果进行的验证。它分为修复方法的确定和修复后的验证两个部分。

8）最终原因

对故障最终原因进行查找时，应该从故障模式入手分析导致故障发生的内因和外因。汽车故障发生的外部原因包括汽车的使用环境恶劣、使用时间或里程的长短、汽车设计制造中的缺陷、使用中的驾驶和操作不当、维修过程中质量欠佳和零配件使用错误等因素。而汽车故障发生的内部原因包括物理、化学或机械的变化因素。要分析出导致汽车故障发生的最终原因,既要通过对最小故障点的损坏状况进行认真的检查分析,还要通过问诊调查以及上述内外因素的分析判断,找到故障最终原因,并针对最终原因采取相应措施,消除造成故障发生的内外影响因素,彻底排除故障。

二、常见汽车故障诊断设备识别、功能及使用

汽车故障诊断设备品种繁多,性能也越来越多,在4S店使用的汽车故障诊断仪一般是厂家指定的专用诊断仪。下面介绍几种汽车故障诊断设备的功能及使用。

1. 丰田汽车使用的专用手持式诊断仪

丰田汽车使用的专用手持式诊断仪的功能如下:

● 读取故障码:储存在 ECU 中的 DTC 可以通过直接与 ECU 联系的方式在手持式测试仪显示器上显示;手持式测试仪能从 ECU 存储器中清除 DIC。

● OBD/MOBD 读取的数据:通过 ECU 和传感器连接的手持式测试仪(见图 8-4)可以作为电压表或试波仪来显示各传感器的信息数据。

● 可以定格数据。

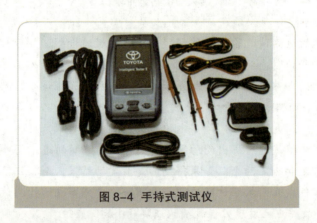

图 8-4 手持式测试仪

2. 元征 X-431 PRO 3S+ 汽车诊断设备

元征 X-431 PRO 3S+(见图 8-5)汽车诊断设备是高性价比的汽车故障诊断设备,可覆盖市场上 98% 以上的车型,能对车辆进行全系统诊断,支持读码、清码、读数据流、动作测试及常用特殊功能。

它具有以下 3 个特点:

① 车型覆盖广、诊断功能强(支持智能诊断、远程诊断等)、诊断数据准确、特殊功能多;

② 主机采用联想定制平板电脑,稳定性高;

③ 海量维修资料库、案例库、视频库,方便快速查询故障。

图 8-5 元征 X-431 PRO 3S+ 汽车诊断设备

3. 博世 740 综合诊断仪

博世 740 综合诊断仪（见图 8-6）的基本功能如下：
- 无外载测功功能，即加速测功法。
- 检测点火系统。检测初级与次级点火波形的采集与处理；平列波、并列波与重叠角的处理与显示；断电闭合角和开启角、点火提前角的测定等。
- 机械和电控喷油过程各参数（压力、波形、喷油、脉宽、喷油提前角等）的测定。
- 进气歧管真空度波形测定与分析。
- 各缸工作均匀性测定。
- 起动过程参数（电压、电流、转速）测定。
- 各缸压缩压力判断。
- 电控供油系统各传感器的参数测定。
- 万用表功能。
- 排气分析功能。

图 8-6 博士 740 综合诊断仪

4. 数字万用表

数字万用表（见图 8-7）是常规检测的一种常用工具，用来测量直流电压、交流电压、直流电流、交流电流、电阻、电容、频率、温度、占空比、晶体管、二极管及通断测试等。

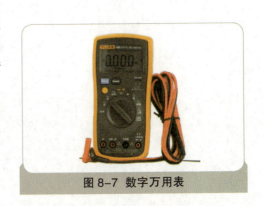

图 8-7 数字万用表

5. 测试笔

测试笔（见图8-8）可用来测量电路短路、导通性，还可以用来对脉冲信号进行检测，如喷油嘴、车速传感器、点火脉冲等电器件，可以根据灯闪烁的快慢判断脉冲的电压和频率。

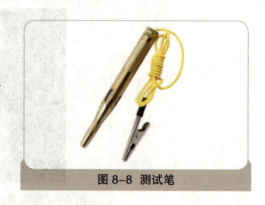

图8-8 测试笔

任务二　发动机常见故障

一、发动机加速不良故障诊断

加速不良是发动机常见的故障之一。产生这一故障有多方面的原因,既有发动机燃料供给系统、点火系统等方面的原因,又有发动机电子控制系统故障,还可能是废气涡轮增压系统的故障。因此加速不良是发动机故障诊断的难点之一。

在进行故障诊断时,首先要能够基于原理,全面分析可能导致故障的原因,根据故障状态下混合气特征值的变化规律,按照诊断操作由简到繁的顺序,查找出故障点。

汽车加速不良的故障现象是快速踩下油门踏板时,发动机转速上升迟缓,有迟滞现象,有时发动机伴有轻微抖动。

1. 故障原因分析

发动机加速不良的原因有两种情况:一是发动机持久性动力不足;二是在加速过程中短时间内动力不足。

(1) 持久性动力不足

持久性动力不足的原因可能有以下四个方面:
- 进入气缸的混合气总量不足。
- 混合气浓度达不到要求。

1) 混合气总量不足

混合气总量不足的原因有以下三个:
- 进气受阻。节气门机械故障不能全开,或者空气滤清器脏污堵塞导致进气不畅。
- 排气受阻。由于三元催化转换器积碳、污物沉积而堵塞,发动机排气一侧背压过大,从而导致进气一侧吸力不足,发动机进气量受到影响。
- 配气正时失准。在维修操作时,配气正时机构的正时记号没有对准,或者可变配气正时装置出现故障,使进、排气门开闭时刻偏离设计要求,导致发动机进、排气不充分。

2）混合气浓度不符合要求

在混合气总量满足要求的情况下，如果混合气浓度不达标也会导致发动机动力不足，其原因可能有以下几个方面。

● 供油系统故障。燃油泵输出压力不足、燃油滤清器堵塞、油压调节器回油量过大等导致油压过低，或者喷油器堵塞导致喷油不畅都会引起喷油量不足，从而使混合气过稀。

喷油器雾化不良导致燃油不能充分挥发，虽然喷油量没有减少，但有效蒸发量减少，同样也会导致混合气过稀。

● 电控系统故障。如果负荷传感器（即空气流量计、进气压力传感器、节气门位置传感器）信号失准，输出的进气量小于实际值，发动机控制单元输出的喷油量也会相应减小，使混合气过稀。

● 废气再循环系统故障。废气再循环系统故障可能导致再循环阀开度过大，进入气缸的废气量增加，使混合气被废气过度稀释。

（2）加速过程中短时间内动力不足

1）短时间内混合气过稀

①车辆在长期使用后，进气门背后会沉积大量汽油不易挥发的高馏分物质，这些物质以海绵状形态附着在进气门的背后，而喷油器喷射出的汽油恰好喷射在这一位置，在短时间内喷出的汽油被海绵体吸附未能进入气缸，导致混合气过稀。

②节气门位置传感器故障。电子控制单元根据节气门开度增大的速率来判断驾驶员踩下节气门的速度，如果是急加速，电子控制单元将给发动机提供过量空气系数为0.8的浓混合气，以满足急加速时对发动机功率的要求，当节气门位置传感器信号失准时，发动机得不到所需的浓混合气，这将给车辆的加速性能带来很大影响。

2）点火系统短时间内工作不良

包括了点火强度和点火提前角两个方面。

①点火强度。由于点火线圈的老化，转速升高后初级绕组通电时间缩短，点火线圈积蓄能量不足，导致点火强度变弱。

②点火提前角。在加速过程中，最佳点火提前角的影响因素主要是转速和爆震。转速升高时，最佳点火提前角增大；当发动机出现爆震时，应推迟点火，即最佳点火提前角减小。

当转速传感器灵敏度下降，其信号频率低于发动机实际转速时，电子控制单元将不能对发动机转速做出正确的判断，未及时增大点火提前角，此时缸内最高压力将在活塞越过上止点后下降一段距离才出现，由于此时缸内体积过大使混合气的作功效果受到影响。

另外，如果爆震传感器的屏蔽端子搭铁接触不良，将使外部干扰信号输入电子控制单元，电子控制单元会误以为发动机发生了爆震而推迟点火，也会使发动机功率下降。

3）废气涡轮增压系统在加速时未能充分发挥作用

涡轮增压系统的设计原则是，在发动机小负荷时增压涡轮即可达到足够的转速，对发动机进气系统能产生足够的增压效果，这样，在发动机大负荷时，多余的废气必须通过打开的旁通阀排出而不经过增压器，以防止增压涡轮转速过高。如果控制系统出现故障，该旁通阀将在小负荷时也打开，导致进气系统得不到增压，汽车的加速能力受到影响。

二、发动机怠速抖动故障诊断

1. 怠速控制阀有故障

故障分析：传统的电喷发动机的正常怠速是通过怠速控制阀（ISC）来保证的（很多新车型上没有怠速控制阀）。ECU 根据发动机转速、温度、节气门开关及空调开关等信号，经过运算对怠速控制阀开大进气旁通道或直接加大节气门的开度，使进气量增加，以提高发动机怠速转速；当怠速转速高于设定转速时，ECU 便指令怠速控制阀关小进气旁通道，使进气量减少，降低发动机转速。由油污、积炭造成的怠速控制阀动作发卡或节气门关闭不到位等会使 ECU 无法对发动机进行正确的怠速调节，造成怠速不稳。

诊断方法：检查怠速控制阀的动作声音，若无动作声音，则怠速控制阀有故障。

故障排除：清洗或更换怠速控制阀，并用专用解码器对怠速进行基本设定。

2. 进气管漏气

故障分析：由发动机的怠速控制原理可知，在正常情况下，怠速控制阀的开度与进气量严格遵循某种函数关系，即怠速控制阀开度增大，进气量相应增加。进气管漏气，使进气量与怠速控制阀的开度不严格遵循原函数关系，空气流量传感器无法测出真实的进气量，造成 ECU 对进气量控制不准确，导致发动机怠速不稳。

诊断方法：若听见进气管有泄漏的"咻咻"声，则证明进气系统漏气。

故障排除：查找泄漏处，重新进行密封或更换相关部件。

一、手动变速器跳挡故障诊断

●故障现象：汽车在某一挡位行驶时，变速杆自动跳回空挡。跳挡一般发生在发动机中高速、负荷突然变化或车辆剧烈振动时，尤其在重载加速或爬坡时，且多发生在直接挡或超速挡。

●故障原因：变速器跳挡主要是操纵机构磨损、变形或调整不当，变速器轴向窜动或轴线的同轴度、平行度误差过大，齿轮、齿圈严重磨损等所致。

●手动变速器跳挡诊断流程，如图8-9所示。

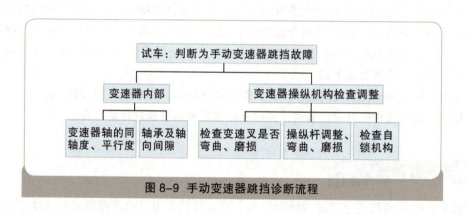

图8-9 手动变速器跳挡诊断流程

二、车辆行驶跑偏故障诊断

●车辆跑偏的故障现象：汽车行驶时稍松转向盘就会自动偏向一侧，必须用力握住转向盘才能保证车辆的直线行驶。

●车辆跑偏的故障原因：两侧车轮受力不等，具体原因如下。

·两前轮轮胎气压不等、磨损程度不同、轮毂轴承预紧度不等。

·存在单边制动拖滞现象。

·前轮定位不一致。

·前悬架两侧减震弹簧弹力不等或减震器工作性能存在较大差异。

·车辆两侧轴距不相等。

●车辆行驶跑偏的故障诊断流程，如图8-10所示。

图 8-10 车辆行驶跑偏的故障诊断流程

任务四 电气系统常见故障

一、起动机不工作故障诊断

（1）故障现象

点火开关转至起动挡，起动机不运转。

（2）故障原因

- 蓄电池严重亏电。
- 线路接触不良或断路。
- 起动机故障。
- 电磁开关电路故障。
- 点火开关故障。
- 自动变速器变速杆不在 P 位或 N 位。
- 无起动信号（带小电流起动车辆）。

（3）起动机不运转诊断流程

检测之前保证蓄电池已充电，且电磁开关上的导线接头、发电机、车身与蓄电池之间搭铁线接触良好，无氧化和烧蚀。起动机不运转诊断流程如图 8-11 所示。

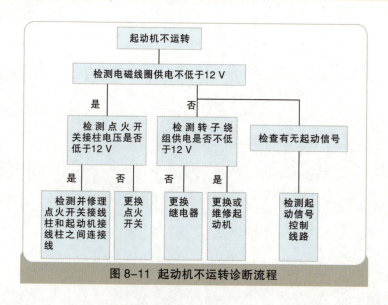

图 8-11 起动机不运转诊断流程

二、发电机指示灯常亮故障诊断

（1）故障现象

发动机运转，发电机报警灯常亮，即使提高发动机转速也不熄灭。

（2）故障原因

- 发电机或调节器故障。
- 线路发生短路。
- 继电器盒故障。
- 发电机传动带断裂。

（3）故障诊断流程

检查发电机传动带是否断裂，若传动带良好，则调好张紧力后按图8-12所示流程进行故障诊断。

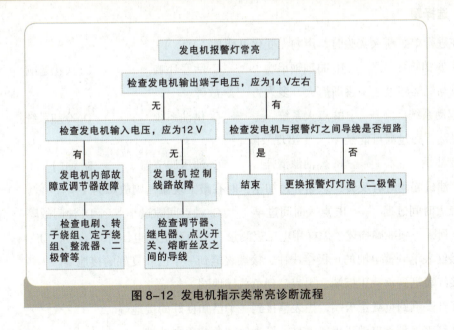

图8-12 发电机指示类常亮诊断流程

思考与练习

一、填空题

1. 汽车故障诊断参数包括_____参数、_____参数、_____参数。
2. 发动机异响与发动机_____、_____、_____、_____、_____等有关。
3. 氧传感器损坏,将造成_____增大,_____升高。

二、判断题

1. 点火时间过迟、混合气过稀或过浓,都将引起发动机冷却系统水温过高。（   ）
2. 无论是指针式万用表或数字式万用表均可以对电控发动机进行电阻、电压及电流的数据测量。（   ）
3. 利用解码器可准确判断具体的故障部位。（   ）
4. 电路短路故障可通过测量连接器端子与车身或搭铁线之间是否导通来检查。（   ）
5. 有些情况下,当有故障症状出现时,一定有故障,但不一定有故障码。（   ）

三、选择题

1. 在进行单缸断火实验时,声响无变化可能是（   ）。
   A. 活塞销响　　　　B. 曲轴轴承响　　　　C. 活塞环响　　　　D. 火花塞响
2. 发动机运转过程中逐渐熄火,多为（   ）故障。
   A. 起动系统　　　　B. 点火系统　　　　C. 供油系统　　　　D. 冷却系统
3. 燃油压力过高可能是（   ）出现故障。
   A. 燃油泵　　　　B. 燃油滤清器　　　　C. 油压调节器　　　　D. 油门
4. 汽油机起动时有反转、急速和急加速,时有敲缸现象,则故障为（   ）。
   A. 点火时间过迟　　　B. 点火时间过早　　　C. 触点间隙过小　　　D. 油门故障
5. 下列哪一项准确描述了怎样用电压表测量一个负载上的电压降？（   ）
   A. 接红表笔到蓄电池的正极接线柱,接黑表笔到一个已知良好的接地端。
   B. 接红表笔到负载正极端,黑表笔到负载接地端。
   C. 接红表笔到负载正极端,黑表笔接到一个已知良好的接地端。
   D. 接红表笔到蓄电池正极接线柱,黑表笔到负载蓄电池端。

参 考 文 献

[1] 人力资源和社会保障部教材办公室. 汽车使用与维护[M]. 北京：中国劳动社会保障出版社，2016.
[2] 蒋浩丰. 汽车使用与维护（第2版）[M]. 北京：国防工业出版社，2015.
[3] 王盛良. 汽车使用、维护与保养技术（第3版）[M]. 北京：机械工业出版社，2017.
[4] 王福忠. 汽车使用与维护（第2版）[M]. 北京：人民交通出版社，2019.
[5] 沈云鹤，王磊俊. 汽车使用与维护[M]. 上海：华东师范大学出版社，2018.
[6] 涂杰. 汽车维护与保养[M]. 北京：化学工业出版社，2018.
[7] 张宇. 汽车维护与保养[M]. 北京：机械工业出版社，2018.
[8] 谭本忠. 汽车维护与保养图解教程（第2版）[M]. 北京：机械工业出版社，2016.

参考文献